Couverture : lettrage de Pierre Alechinsky.

Traits et portraits

Collection dirigée
par Colette Fellous

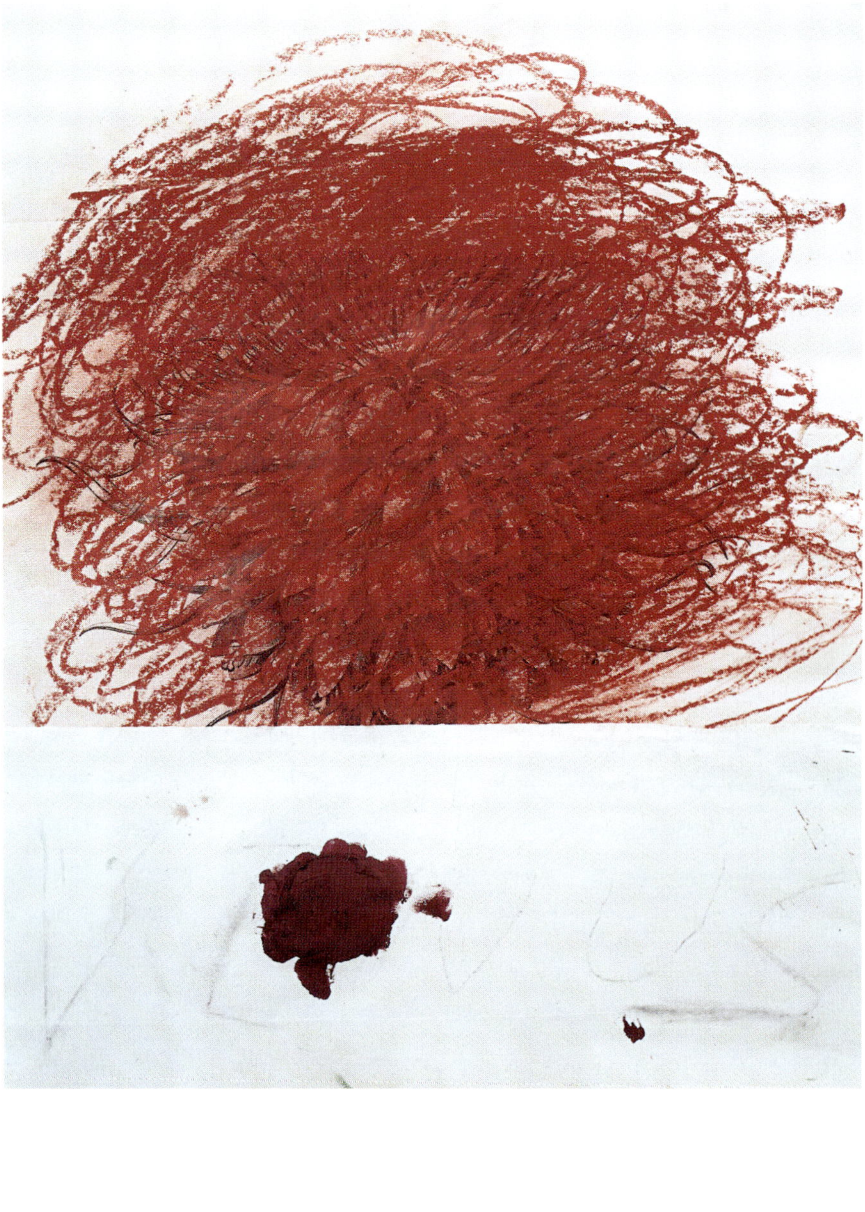

YANNICK HAENEL

Le sens du calme

MERCVRE DE FRANCE

À Lucia.

Le buisson d'épines est le vieil obstacle sur ton chemin. Si tu veux avancer, il doit prendre feu.

FRANZ KAFKA

1

La mort de Dieu

J'ai trouvé Jésus dans une poubelle. C'était en 1977, j'avais dix ans. Je courais le long des arbres, dans la lumière de juin, en répétant cette phrase : « J'ai trouvé Jésus dans une poubelle. »

C'est avec cette phrase que ma vie se déclenche : avant, je ne suis pas sûr d'avoir existé. J'ai des souvenirs, mais aucun n'arrive jusqu'ici. La première fois que le temps s'ouvre, c'est en 1977, avec la phrase : « J'ai trouvé Jésus dans une poubelle. »

Je suis en CM1, à Saint-Erme, une petite ville du côté de Laon. C'est un samedi de juin, sous un ciel d'été vaste et blanc. J'ai raté le car de ramassage scolaire, parce que l'institutrice nous a gardés plus longtemps pour nous montrer un film.

Je ne vais pas raconter ma vie. Je suis à la recherche de ces instants qui, précisément, ne se racontent pas, où le temps se met à glisser hors de lui-même — où l'*on passe par le trou.*

C'est là, dans les trous, que ça a lieu. C'est là que j'ai vraiment vécu : dix, treize, quinze fois en quarante ans. L'existence prend alors la forme d'une extase ; elle tourne sur elle-même et vous illumine. Pour une heure, une journée, le temps d'un éclair, vous surgissez du cadre — votre vie se dégage. Vous n'avez plus d'attaches : ni père, ni mère, ni pays — aucune identité. Vous n'appartenez plus, c'est une joie. Écrire des livres consiste à faire parler ces instants de foudre.

C'est donc un samedi d'été, vers midi. Je reviens de l'école ; je longe un pré couvert de coquelicots. Voici les premières maisons : elles sont rose, jaune, orange, en forme de cube : c'est une cité *moderne.* Plus loin, s'ouvre une forêt de hêtres et de chênes, où je vais souvent cueillir des mûres. Et là-bas, sur le trottoir, quelque chose brille : on dirait une croix — je ne vois pas bien, à cause de la lumière qui brûle les yeux.

La chaleur vibre, elle mouille le trottoir qui flotte comme un mirage. Les éclats du soleil m'éblouissent, mais je distingue nettement la croix : elle déborde d'une corbeille de métal.

Il y a des reflets partout, qui forment un bouquet de lumières. Le ciel est blanc, comme un désert. La croix est en marbre rose, immense, avec des veines rougeâtres ; un petit crucifix en bronze, avec le corps du Christ, est fixé en son milieu.

J'ai pitié pour cette belle chose énorme qui brille au soleil. Sa solitude me touche ; je ne comprends pas ce qu'une croix fait dans une poubelle.

Je tends le bras vers elle : elle est lourde — mais il faut absolument la sortir de là. Est-il possible que quelqu'un l'ait jetée ? Elle n'est pourtant pas cassée, elle semble *utilisable*. C'est étrange de se débarrasser ainsi d'une croix ; je croyais impossible qu'une telle chose passe aux déchets.

En avançant la main vers la croix, j'ai dit à voix haute : « J'ai trouvé Jésus dans une poubelle. » J'ai prononcé cette phrase pour que mon geste existe. Sans la phrase, je n'aurais peut-être pas sorti cette croix de la poubelle : cette phrase, c'est elle qui a décidé de la suite, c'est elle qui a décidé qu'il m'arrivait quelque chose.

J'ai sorti la croix de la poubelle avec difficulté, parce qu'elle était immense et lourde ; j'ai commencé à la traîner jusque chez moi. Le chemin était encore long ; alors, pour me donner du courage, tandis que j'avançais avec peine entre les cubes rose et jaune, traînant la croix contre le trottoir, je répétais la phrase : « J'ai trouvé Jésus dans une poubelle. »

Cette phrase, j'en étais content : c'était ma première phrase, elle était venue toute seule ; non seulement elle donnait vie à cette aventure, mais elle la consacrait. Et puis, sans l'aide d'une phrase, peut-être aurais-je vécu cet instant avec moins d'intensité : peut-être aurait-il disparu dans les plis de ma mémoire. Plus je la répétais, plus j'y trouvais plaisir ; il me semble même qu'elle se bonifiait, comme un poème.

La phrase rythmait mon avancée vers la maison où l'on m'attendait avec inquiétude, car j'avais non seulement raté le car de ramassage scolaire, mais je m'étais attardé en chemin. Il était plus de treize heures ; d'habitude, à midi et quart, j'étais rentré. Si j'offrais à ma mère cette superbe croix, peut-être mon retard serait-il pardonné : en sauvant cette croix du dépotoir, je la changeais en offrande.

Et puis « J'ai trouvé Jésus dans une poubelle » : c'est ce que j'allais dire lorsqu'on ouvrirait la porte. À mon avis, c'était la phrase idéale — c'était exactement ça qu'il fallait dire : avant même que ma mère n'ouvre la bouche, avant qu'elle n'évoque mon retard, prononcer la phrase : *« J'ai trouvé Jésus dans une poubelle. »*

Je longe les maisons ; la lumière a tourné parmi les coquelicots ; il y a des éclats roses à la lisière des bois. J'ai envie de rire : je ne sens plus la croix. Au contraire, un charme disperse les efforts. Mes poumons sont légers, mes bras, mes jambes : plus rien ne pèse, il me semble que je vole.

Je n'avais pas la moindre idée de ce qu'ils nomment Dieu ; je n'y ai jamais cru, même enfant — ceux qui en parlaient étaient à mes yeux des vieillards, pleins d'ennui. Et quel nom donner à cette chose qu'on abandonne comme un sac à ordures ? Ils l'appellent Jésus, mais aussi le Christ, le fils de l'Homme, le Messie : je n'y comprenais rien.

C'était autre chose qui avait lieu : *une autre* révélation — vide, sans objet. Je ne sais pas combien de temps elle a duré : j'entendais les voitures au loin, là-bas, sur la route de Sissonne ; je voyais distinctement, derrière le jardin d'enfant, derrière les balançoires et le toboggan, la façade orange et jaune de la maison — et pourtant je n'étais plus là.

Où étais-je ? Je flottais dans un intervalle de douceur. Les rayons du soleil ne m'atteignaient plus. J'étais débarrassé des proportions, je ne faisais partie de rien — ni de la cité, ni de l'école, ni de l'espèce : je n'étais plus que cet éblouissement, un feuillage, une plume, un flocon. Je m'ébrouais dans ce rien, avec un bonheur fou.

Le vide est frais, il souffle sa rosée sur vous. J'avais la sensation que la souffrance n'existerait plus jamais, et que mon corps, mes pensées allaient s'épanouir dans cette extase du temps. Dans l'air, des lettres volaient, comme des papillons : c'étaient les lettres de ma phrase, elles scintillaient dans la lumière, rouges, bleues, mauves, avec les ailes mouchetées de vert.

À force de prononcer ma phrase, j'avais été absorbé en elle, j'étais devenu cette phrase. Voici qu'elle se décomposait dans le ciel comme de la nacre, et moi je nageais à travers cet océan de reflets.

C'est ma première aventure. La première fois où j'ai eu la sensation d'exister sans recours. Où j'ai glissé, sans protection, dans un lieu sans nom. Où j'étais en vie, loin de la vie surveillée des petits garçons. Où, n'étant plus personne, j'étais enfin quelqu'un.

Je suis arrivé à la porte, j'ai sonné, tout heureux de la surprise que j'allais faire à mes parents. Ma mère est apparue, elle était stupéfaite, elle a éclaté de rire, et m'a demandé ce que je faisais avec une si énorme croix : est-ce que je l'avais volée dans un cimetière ?

Voici que je fais le chemin inverse, afin de reposer la croix dans la poubelle. Cette fois-ci, je ne suis plus porté par rien : la chaleur me pèse, la croix me casse le dos, la magie s'est absentée. J'ai un peu honte aussi — je presse le pas, de peur qu'on ne me voie.

Dans l'après-midi, je rejoins ce que j'appelle mon « lieu ». C'est à l'entrée du bois. J'aime bien y jouer seul, ou avec ma sœur : on se baigne parfois dans la petite mare. La lumière est favorable, comme dans une clairière. Il y a des fourrés pleins d'épines et de mûres, quelques hêtres, une ligne de noisetiers, puis un chemin qui mène à un bunker couvert de mousse, dont la gueule apparaît dans mes jeux comme l'entrée des Enfers ; il m'est arrivé d'y passer la tête, mais l'obscurité me rebute, elle pue le moisi.

Je vais m'étendre, le dos contre un arbre, au bord de la petite mare. Je ferme les yeux ; la lumière ruisselle à travers les feuillages ; de grandes taches rouges s'allument sous mes paupières ; je savoure cette odeur de plâtre qui m'est familière, celle des grenades à blanc que les soldats du camp voisin dispersent pendant leurs exercices.

Tout cela suffit d'habitude à me griser : la lumière dans les arbres, l'odeur de poudre, l'enfer à qui je tourne le dos ; mais cet après-midi, ça ne marche pas bien.

Qu'est-ce qui m'est arrivé tout à l'heure ? J'ai vu *autre chose* — une chose nouvelle, qui déchire la trame. Mon « lieu » n'est plus ici, mes jeux me semblent fades. C'est là-bas que je veux aller maintenant : dans cette déchirure.

J'ai une brusque envie d'en finir — là, tout de suite. C'est un étrange désir, qui brille comme une lame de couteau. Peut-être que je ne supporte plus mes battements de cœur : la découverte de la jouissance a été trop forte.

Je frotte comme chaque après-midi des brindilles l'une contre l'autre, et forme des figures sur le sable avec des bouts de bois. Ces figures m'indiquent un monde où les signes fondent un récit. J'observe le remuement de la lumière dans les arbres, jusqu'à ce qu'elle enflamme les signes, et que ma solitude s'auréole.

Les feuillages clignotent sur mon visage ; ils me protègent, comme un dais de chevalerie. Le soleil flotte entre les mains dans l'herbe. Ce jour-là, j'aurais pu me tuer sans rien faire — juste en le demandant à mon corps : il se serait arrêté de vivre.

Je me lève, sors du bois, et traverse les coquelicots ; par réflexe, je cherche la croix. Elle est toujours là-bas, sur le trottoir ; elle brille dans sa poubelle. D'un coup, il y a un boucan d'enfer : c'est le camion des éboueurs, il surgit — il fait une grosse tache dans le ciel blanc. Deux colosses habillés de vert, avec des gants de monstre, sautent du camion, ils s'agitent un peu devant la croix, on dirait qu'ils rient. L'un des deux s'empare de la croix, il la soulève au-dessus de sa tête, puis la fait retomber de toutes ses forces contre le trottoir, qu'il frappe à deux reprises : la croix se brise ; il en ramasse les morceaux, qu'il jette dans le camion. Les rires continuent, le camion démarre.

Je me mets à trembler. Les coquelicots s'éteignent. Le soleil grimace dans la poussière de dix-sept heures. Je suis debout au milieu du pré, comme une statue, incapable d'un mouvement.

Cette parole qui en chacun ne cesse de formuler sa vie, ce murmure inlassable qui phrase après phrase forme légende, m'avertissait du caractère décisif de cet instant.

À l'époque, j'aimais par-dessus tout les romans de la Table ronde : Perceval, Lancelot, Yvain, ces chevaliers pensifs étaient mes frères ; rien n'est plus beau, plus énigmatique, que ces instants où ils s'immobilisent en pleine forêt, et demeurent dans l'oubli, sur leur cheval, le visage en proie au sourire du ravissement, comme des saints.

Je suis resté ainsi une heure, collé à mon absence, dans un champ de coquelicots. Est-ce que je souffre ? Le vertige dévale à travers mon surplace. Quelque chose s'abîme, et déserte en moi. *Je deviens un désert.*

Enfin je me mets à courir. Je vais en tous sens : vers la poubelle vide, vers chez moi. Face à la première maison, il y a un trou. Je ne le vois pas, je tombe dedans.

Je rentre chez moi, le visage en sang. Dans la chute, mon genou a cogné l'arcade sourcilière, qui s'est ouverte. Je marche lentement, la main contre mon œil fendu. J'avance avec un plaisir ambigu, comme si je portais en moi la mort de Dieu.

2

Page blanche

Alors que je préparais ce livre, j'ai raconté la scène à des amis. L'un d'eux, à qui je répétais la phrase : « J'ai trouvé Jésus dans une poubelle », et qui, sans doute, y entendait de l'ironie, peut-être même un blasphème, m'a dit que le surgissement d'une phrase dans la vie d'un enfant était considéré comme une forme de prophétie.

J'ai raconté la scène aussi à mes parents ; j'étais de passage en Alsace, chez eux : je voulais sortir du grenier la cantine rouge où sont conservés mes papiers d'enfance, avec mes vieux livres, mes collages, mes encyclopédies, mes tout premiers manuscrits.

Lorsque j'évoque ce samedi de 1977 où j'offre une croix à ma mère, celle-ci s'en souvient très bien ; dans le récit que j'en fais, je précise que l'institutrice nous lâche en retard à cause d'un film. Ma mère dit que ce film, c'est sûrement *Nuit et brouillard* : j'en parlais souvent, il me hantait jusqu'au cauchemar ; et puis elle se souvient que ce n'était pas l'institutrice qui nous l'avait projeté, mais sa remplaçante, une jeune blonde qui vivait dans la cité avec un militaire.

C'est vrai que j'ai vu *Nuit et brouillard* enfant. À la fin des années soixante-dix, on n'hésitait pas à diffuser ce film dans les écoles ; peut-être même était-ce obligatoire. Sans doute s'agissait-il de nous « ouvrir les yeux » ; mais ces images ont bouleversé certains d'entre nous si précocement qu'ils n'ont jamais rien trouvé, pour y survivre, à leur opposer, et que leur vie s'est consumée dans l'intolérable béance à quoi elles nous exposent.

Je ne pense pas avoir vécu, le même jour, la mort de Dieu et la découverte des camps. Ce serait logique, pourtant : les deux troubles appellent une détresse qui les rapproche ; ils vous apparaissent tous deux au « carrefour des violences fondamentales », comme dit Georges Bataille.

L'événement qui vous arrache à la satisfaction de l'espèce humaine décide une fois pour toutes de ce qui fera brèche dans votre vie, et la conduira vers des points qui sans cesse vous remettent en question.

En tout cas, c'est à la même époque que j'ai vu Jésus dans sa poubelle, et ces montagnes de cadavres poussés au tractopelle qu'on a filmées à Bergen-Belsen, en 1945, et qu'Alain Resnais montre dix ans plus tard dans *Nuit et brouillard*. Je ne sais lequel de ces deux moments précède l'autre dans ma vie, mais ils se complètent, comme des strates.

Je suis monté au grenier, j'ouvre la cantine. Je tombe sur la photographie en noir et blanc d'une arrestation : c'est un groupe de femmes et d'enfants expulsés d'une maison, on braque des fusils sur eux, un petit garçon coiffé d'une casquette à la Gavroche se détache du groupe, et lève les bras. La photo est célèbre, on la voit dans *Nuit et brouillard*.

Cette photographie fait partie d'un cahier où j'ai longtemps collé des images ; quelques-unes sont reproduites dans ce livre : je les avais choisies parce que, en un sens, *c'est elles qui me regardaient*.

Chaque fois que j'ouvre le cahier, elles débusquent ce qui, en moi, se maintient à l'abri : ce qui, peut-être en chacun de nous, ne consent à se laisser émouvoir par la ressemblance qu'à la condition d'en être préservé.

À l'époque, j'ignorais que cette photographie avait été prise dans le ghetto de Varsovie : je ne savais pas, à dix ans, ce qu'était un ghetto. Au moment où l'enfant apparaît dans le film, on entend juste : « Raflés de Varsovie ».

La douceur de son visage est terrible, parce que l'effroi qui le traverse est *pudique*. À l'ignominie des armes braquées dans sa direction, le petit garçon oppose l'application d'un geste universel, celui des sacrifiés qu'on met en joue : il lève ses bras ; il accomplit le geste, comme les grands, il le connaît, le reproduit : un tel savoir approfondit son innocence, lui confère une clarté insupportable.

Après nous avoir montré *Nuit et brouillard*, l'institutrice remplaçante nous avait demandé, ce matin-là, d'écrire une rédaction : il fallait donner nos impressions sous forme de lettre à un ami, à qui l'on parlerait du film.

J'ai noté en haut, à gauche, dans la marge, le long de la ligne verticale rouge, mon nom, mon prénom,

ma classe ; puis, au milieu de la page, en lettres majuscules, le mot « Rédaction », les mots « Nuit et brouillard » — rien d'autre.

En sortant de l'école, avec mon sac sur le dos, je marche le long de la route, vers la sortie de la ville. Le car de ramassage est passé depuis longtemps, personne n'a osé protester quand l'institutrice nous a gardés plus longtemps : peut-être n'a-t-elle pas entendu la sonnerie, peut-être a-t-elle jugé que *Nuit et brouillard* était plus important que l'heure de la sortie.

J'habite hors de la ville, sur la route de Sissonne, une cité pour familles de militaires. Il y a des éclats blancs dans le ciel, le soleil est lourd. Je marche lentement : à pied, j'en aurai pour une heure.

Est-ce que je brûle ? — j'ai vu quelque chose qui me consume. J'ai du mal à respirer, comme si un buisson de flammes crépitait dans ma poitrine.

Il n'y a personne dans les rues ; les magasins sont fermés car il est plus de midi ; la lumière m'aveugle. Je porte un fardeau qui m'empêche de courir : ce ne sont pas mes affaires d'école, mais un poids nouveau qui déchire ma poitrine.

En traversant la ville à pied, la gorge nouée par les images de *Nuit et brouillard*, je pense à la honte d'avoir rendu copie blanche. J'ai beau y repenser, aucun mot ne me vient. Il est impossible d'exprimer quoi que ce soit — je suis bloqué.

Les images de *Nuit et brouillard* ont ouvert en moi un désert qui m'était inconnu. Je ne trouve plus les mots, il me semble qu'ils n'existent plus : le film les a tous effacés. En traversant la ville, j'ai la sensation qu'une absence vient de se creuser dans ma vie.

Est-ce moi qui ne sais plus écrire, ou le monde exposé dans ce film qui échappe au langage ?

De toute façon, à qui aurais-je pu adresser cette lettre ? Et pour raconter quoi ? Une page blanche — une absence de mots — exprime exactement l'état qui est le mien depuis que j'ai vu *Nuit et brouillard.*

Je raconte ici les instants fondateurs : ceux qui disposent mon rapport avec le langage. J'essaie de formuler comment l'expérience poétique — qui recroise l'existence et les phrases — est devenue le cœur de ma vie ; comment toutes les expériences, même les plus anodines, s'y rapportent, et font d'elle une vocation.

Je tourne autour d'une journée qui m'échappe ; ses éclats brisés me chuchotent une forme qui les manifeste — celle du vitrail de paragraphes. Ce livre est composé de paragraphes qui se cherchent, répètent leurs motifs, s'ajustent.

Ce matin-là, notre institutrice est en stage pédagogique : une jeune femme la remplace, elle nous demande de l'appeler Myriam. Elle est blonde, avec un visage de miel, et une robe blanche brodée de fleurs pâles, dont les transparences me troublent ; elle vient à l'école dans une petite voiture de sport bleu marine, une Alpine Renault qu'on admire à la récréation, entre les grilles, et dont je possède la reproduction en miniature.

Elle nous a révélé, avec une gravité au bord de l'égarement, qu'un crime abominable avait été commis pendant la Seconde Guerre mondiale ; ce crime était sans équivalent, plus monstrueux encore que tous les crimes commis au nom de la guerre ; en un sens, la guerre n'était rien à côté d'une telle abomination.

J'observe Myriam tandis qu'elle nous parle : elle a cette beauté claire des femmes douces, un sourire pâle de princesse médiévale, le grand front des nobles dames qui se fiancent aux chevaliers dans les romans de la Table ronde. Tandis qu'elle évoque le sort atroce des déportés, et parmi eux, celui des Juifs d'Europe dont elle nous apprend que six millions sont morts exterminés par les nazis, une goutte de sueur perle à sa nuque, et se mêle au chignon ; j'en accompagne ce matin-là le parcours jusqu'aux épaules avec une minutie passionnée.

Elle dit que sans doute le mot « extermination » nous échappe ; elle dit qu'elle ne peut pas vraiment nous l'expliquer, ni expliquer ce que signifie le mot « Juif » : elle préfère nous montrer un film.

Ce film est dur — très dur ; elle ne sait pas si c'est bien ou mal de nous le projeter, elle ne sait pas comment nous allons réagir, mais elle voudrait qu'on voie, de nos yeux, cette horreur — elle voudrait qu'on sache qu'au milieu du XXe siècle, c'est-à-dire il y a à peine trente ans, des hommes ont commis une infamie. Elle nous avertit que nous serons choqués : et si c'est trop insupportable, elle arrêtera le film.

Je suis au premier rang : je distingue le duvet blond sur la peau de Myriam, qui chatoie dans la lumière ; je savoure ses taches de rousseur, et cet archipel de grains de beauté qui crépite autour de sa bouche.

Elle dit que le film s'appelle *Nuit et brouillard.* Elle nous demande de tirer les rideaux, et enclenche la cassette dans le magnétoscope. On attend sagement le début, bras croisés sur nos pupitres.

Le souvenir que j'ai des images de ce film est aussi tranchant qu'une page blanche. Il y a des hommes au regard perdu qui s'accrochent à des barbelés ; il y a surtout des cadavres qui s'entassent, maigres, osseux, tourmentés comme des bouts de bois : ils forment une montagne, comme lorsqu'on amoncelle un tas d'ordures. Ils sont nus, mais il est impossible de faire la différence entre les hommes et les femmes. Des pelleteuses les poussent dans des fosses, comme si leurs corps étaient des déchets.

Il existe donc des corps en trop. Des corps qu'on abandonne. Des corps qu'on destine à la poubelle.

Comment sait-on qu'on est *en trop* ? Qui est en trop, qui ne l'est pas, étais-je en trop ?

Depuis, lorsqu'on utilise l'expression : « le péché du monde », j'entends toujours : le *déchet* du monde.

Et puis je me souviens de la voix du film, son intonation neutre, comme celle d'un spectre. À l'époque, le commentaire m'avait glacé : j'imaginais qu'il était prononcé par un mort. Aujourd'hui encore, je peux en réciter des extraits par cœur ; il y a la phrase : « Rasé, tatoué, numéroté », ou l'expression : « une salle de douche fausse ». J'entends aussi : « Le seul signe, c'est ce plafond labouré par les ongles. » J'entends : « Avec les os, des engrais... avec les corps, on veut fabriquer du savon... »

Le silence qui a suivi la projection du film est interminable. Nous avons encore les bras croisés sur nos pupitres. Aucun d'entre nous ne veut répondre aux questions de Myriam ; elle vient de comprendre que ce film nous a médusés.

Je ne sais pas encore de quoi ce silence prend la place, mais en marchant dans les rues de la ville, sous le soleil de midi qui me tourne la tête, j'ai l'intuition que le monde en moi s'est tu.

C'est le mot « savon » qui nous a perturbés le plus : tous, d'une manière ou d'une autre, nous n'avons cessé de penser à l'incompréhensible transformation des corps en savon. On n'en a pas parlé entre nous, mais c'est revenu plus tard, comme une obsession malsaine.

Juste après la gare, alors que je sors de la ville, une voiture s'arrête. C'est l'Alpine Renault de Myriam. La porte s'ouvre. Elle me fait signe de monter. Une nuée d'ambre et de beaux éclats se jettent sur moi brusquement ; deux yeux clairs, des lèvres rouges, des épaules blondes me sourient : je suis assis à quelques centimètres de Myriam, elle a relevé sa robe pour conduire, ses jambes nues me frôlent. Elle fume une cigarette en conduisant ; ses doigts aux ongles vernis rouges tapotent le volant. Je n'ose pas la regarder, car j'ai vu, en classe, la forme de ses seins : les fleurs brodées ne couvrent pas bien son décolleté, on voyait tout. Des effluves tournoient délicatement dans la voiture, avec une douceur rose thé, comme un buisson fébrile ; Myriam penche un peu vers moi son visage, et avec une voix plus tendre qu'en classe, me dit que c'est sa faute, qu'elle est désolée, qu'à cause d'elle j'ai été obligé de marcher sous ce soleil de plomb. Je balbutie deux trois mots inaudibles. Elle me demande pourquoi j'ai rendu copie blanche. Les battements de mon cœur s'accélèrent, mais je parviens à lui dire que *je n'ai pas trouvé de mots*. Elle sourit tristement, et me lance un regard dont la douceur me fait rougir.

Je suis allé l'après-midi dans la forêt, pour être seul. Il fallait que je retrouve mes esprits. Un coup de foudre avait brisé ce jour-là les proportions ; et je ne sais pas quel était l'éclair le plus vif : la révélation du mal, ou celle du désir. Je pensais aux cadavres de *Nuit et brouillard*, je pensais à Myriam ; mon trouble était sans limites.

Je me suis allongé contre un arbre, à côté du bunker. Je tourne et retourne des brindilles entre mes doigts. C'est un jeu qui m'apaise. Est-il possible que le temps revienne ? Avec les bons gestes, on fait revivre les morts.

Je dispose les brindilles dans la terre, elles forment d'étranges figures ; je les modifie sans cesse, jusqu'à ce que l'une d'elles me semble juste, et devienne quoi : un signe ?

Cette petite sorcellerie d'enfant m'ouvre au vertige. Voici que les brindilles s'animent d'elles-mêmes, je souris — elles *vivent.* J'efface d'une main le prodige en brouillant le sable. Puis avec la branche, je commence à tracer des sillons dans la terre. Elle est un peu humide, les traits marquent bien, des sillons apparaissent. Je ne sais pas ce que je dessine. Un visage ? J'ai tracé un cercle ; très vite, la figure qui se dégage est celle d'un labyrinthe.

Cette apparition me procure de la fièvre. Je reconnais ma journée dans ce labyrinthe, j'y retrouve mon parcours, l'itinéraire compliqué qui m'a mené des cadavres à la page blanche, de la page blanche à Myriam, de Myriam à ces signes sur le sable. Un savoir effrayant fonce aujourd'hui sur vous, et vous traverse, comme une brûlure.

3

Labyrinthe

Je pense à cette figure tracée sur le sable en 1977 : aucun doute, c'est bien moi. Si je devais dire qui je suis, si je sacrifiais à la consigne policière de l'« identité », je montrerais ce labyrinthe.

À quoi ressemblait-il ? Un été, en entrant dans la cathédrale de Lucques, en Toscane, je le retrouve. C'est un labyrinthe digital ; il est gravé dans un mur, à hauteur d'homme : il faut en parcourir les lignes du bout du doigt — *comme il a été tracé.*

Je m'avance, je fais le geste — ça me revient : l'éblouissement du samedi de 77 se répète, avec une abondance de détails, et cette lumière tremblée de juin qui réveille mon désir. Les images se précipitent, elles s'enroulent sur elles-mêmes ; le parfum des journées d'enfance vous accorde à l'éclat du vertige.

Ça se déchaîne, la cachette se vide : je revois d'un seul coup le visage de l'institutrice remplaçante et celui du garçon du ghetto, je revois le parcours écrasé de soleil qui va de l'école à la cité, le champ de coquelicots, ma clairière, Jésus dans la poubelle, la montagne de cadavres, la robe de l'institutrice, ses gouttes de sueur, la pointe de ses seins, puis son nom : Myriam.

Cette féerie me contemple : je suis devant le labyrinthe de Lucques, le doigt tendu vers le sillon où les siècles n'ont cessé de creuser leur attente ; et une journée vécue il y a trente-trois ans se rejoue dans ses moindres détails. Une poussière d'été, un peu de plâtre, le noir et blanc d'un film, et des brindilles de sorcier qui s'agitent en tous sens.

Je suis sorti sur la place de Lucques. On dirait une arène, la chambre centrale d'un tombeau, le lieu du sacrifice. J'ai acheté une carte postale du labyrinthe, je me dirige vers une terrasse de café. J'ai posé mon doigt sur la reproduction ; je le fais glisser en cercle, afin de suivre les sillons.

Des ténèbres se déversent dans ma mémoire, comme les vagues qui déferlent après le passage de la mer Rouge. L'horreur des images de *Nuit et brouillard*, l'infamie des camps me saute à la gorge. Est-ce qu'elles coïncident avec le monde ? Ce jour-là, sur la place de Lucques, je l'ai pensé : ce qu'on appelle « les hommes » compose une communauté suppliciée où l'abandon supprime les rapports. J'écris ce paragraphe à la diable, sur la petite table d'une terrasse, à Lucques. Je viens de retrouver mon premier souvenir : il porte sur la criminalité humaine.

Est-ce le commencement ? La littérature est une parole sans origine ; peut-être est-elle la parole même de l'absence d'origine. Chaque écrivain conjure l'absence d'origine de la littérature en la faisant exister à travers lui — *comme si elle naissait.* Ainsi se refonde-t-elle à travers chaque écrivain qui se laisse traverser par sa voix.

À l'instant où l'on écrit, on est à la fois le premier et le dernier — c'est-à-dire tous les écrivains qui existent, et tous ceux qui ont existé.

Chaque phrase transporte avec elle une mémoire vivante, qui déborde celui qui la formule ; ce débordement fonde sans cesse la littérature.

J'écris toutes les phrases de ce livre en même temps. Je passe à tout moment d'un chapitre à l'autre ; ces paragraphes se développent en tous sens, comme des îles rapides. Il n'est pas possible de faire autrement : les visions déferlent, comme si un tourbillon soufflait depuis le passé.

Depuis qu'une brèche s'est ouverte, des morceaux de vie affluent de toutes parts ; je les distribue dans les espaces blancs qui s'étalent devant moi, et qui forment les chapitres de ce livre. Je vais de l'un à l'autre ; le livre grandit de tous côtés — je suis toujours *au milieu.*

Après la publication de *Jan Karski,* j'ai reçu tellement de lettres qu'il m'a été impossible d'y répondre. L'émotion qui animait chacune d'elles portait sur l'extraordinaire destin du messager polonais : ces lecteurs me disaient chaleureusement combien cette voix que j'avais ressuscitée leur parlait ; mais en me témoignant leur gratitude, ils me posaient aussi une question : ils voulaient savoir comment j'en étais arrivé à m'intéresser à cet homme oublié ; ils se demandaient d'où venait la voix de Jan Karski en moi. Autrement dit, ils voulaient savoir *qui* j'étais. Si j'écris ce livre, c'est pour tenter de leur répondre.

À présent, je suis dans une chambre du XXe arrondissement, à Paris. J'ai punaisé la reproduction du labyrinthe au-dessus de ma table. Les points du monde circulent dans un cercle : je vois défiler des journées à toute allure. Le samedi de Saint-Erme n'est plus seul : d'autres journées étincellent, leurs couleurs se mélangent ; un feuillage de journées se déploie, qui vous indique une forme pour dire votre parcours.

Car un labyrinthe n'est pas un territoire où l'on se perd ; c'est un lieu où l'*on revient sur ses pas*. On y marche comme j'écris ce livre, c'est-à-dire à pas de loup. On avance à tâtons, sans savoir si ses efforts donnent sur une cloison, ou sur une ouverture. Chaque décision se résorbe dans un cul-de-sac, ou découvre une issue de secours.

Chaque instant raconte cette lutte, toujours renouvelée, entre l'impasse et l'issue ; le moindre instant remet en jeu ce qui a été gagné : il vous expose à la ruine autant qu'au triomphe.

Vous êtes concentré sur des détails, une inflexion suffit à vous sauver, ou à vous perdre : le labyrinthe vous oblige aux nuances.

Vous cherchez depuis longtemps la sortie, mais il est probable qu'il n'existe rien en dehors du labyrinthe : le labyrinthe est à la mesure du monde, c'est-à-dire chaotique, retors, aléatoire, et sans mesure. Ainsi ne s'agit-il pas d'*en sortir* : il n'y a que lui.

Une nuit, à Belleville, en rentrant chez moi, je croise un fou. Ses yeux sont rouges, sales ; je le sens capable de tout. Il sort un couteau, la stupeur me paralyse. Il tend la pointe du couteau vers mon cœur, et y trace une petite croix. Il me dit : « Aime ton labyrinthe » — puis il éclate de rire, et disparaît.

Le labyrinthe existe afin que vous cessiez de croire aux murs. L'obstacle n'est qu'un détour. Les pièges vous réservent des clartés. Je ne suis pas prisonnier de ma raison : le labyrinthe est la forme que prend dans ma vie l'acheminement du langage.

Une phrase m'accompagne depuis que j'ai écrit le premier chapitre de ce livre : « Celui qui n'a pas fait le tour de la vie avant de commencer à vivre n'arrivera jamais à vivre. » Je ne sais pas de qui elle est — Nietzsche ? Kierkegaard ? Blanchot ? Peu importe : sa clarté vient à mon aide. Grâce à elle, je comprends que cette première journée condense les expériences où ne cessera de s'accomplir ma vie : elles sont déjà toutes là, réservées dans la pliure d'un samedi.

Il existe une pensée qui ne se laisse pas penser ; elle s'offre sous la forme d'un tourment sans objet, lui-même insaisissable : en prenant toujours plus de place, ce tourment s'étend à chacune de vos expériences, les exténue, ou au contraire les illumine. Je n'ai pas de nom pour ce tourment, encore moins pour cette pensée ; d'ailleurs je n'en veux pas : un nom — Dieu, l'être ? —, en comblant le vide, y étoufferait ce qu'il y a de plus libre. Cette pensée qui ne se laisse pas penser, il ne me viendrait pas à l'idée de vouloir la dompter : au contraire, elle anime ce qui m'échappe avec la vigueur de l'éclair. Alors bien sûr que j'erre un peu (la certitude m'est interdite) ; mais cette errance accorde des richesses à celui qui accepte de n'être sûr de rien.

4

Mandrake

Est-il possible de *ne pas mourir* ? Le secours existe-t-il ? Depuis ce samedi de juin 77, je ne pensais qu'à me sauver. Je pensais aux images des écoliers en rangs, bien sages, marchant vers la chambre à gaz ; je pensais au petit garçon du ghetto de Varsovie se dirigeant, bras levés, vers les convois de l'Umschlagplatz.

Je me disais : l'abattoir continue, le sang ne s'arrête pas de couler, mais il y a forcément un moyen d'échapper au carnage. Comment sortir de ce monde homicide ?

En écrivant les deux premiers chapitres de ce livre, je tournais autour d'un souvenir qui manque. La scène n'était pas complète, une figure m'échappait — une figure qui, précisément, avait trait à ma hantise du secours. Quelqu'un était-il venu en aide aux Juifs ?

Quelqu'un avait-il empêché les enfants de mourir ? Je *sais* qu'enfant, je croyais cela possible : à l'époque où l'on nous a diffusé *Nuit et brouillard*, j'avais quelque chose en tête — mais quoi ?

Ces deux chapitres, je les écrivais lentement, chaque paragraphe tournait avec difficulté sur lui-même, avant de s'ajuster aux autres ; et à mesure que les éclats de ce samedi revenaient, à mesure que la scène se dégageait de mon passé, j'espérais la résurrection de cette folle idée.

La croix, je n'avais pas eu besoin de la chercher : elle était là, dans la poubelle, entièrement disponible — prête à être racontée. Mais les phrases découvraient petit à petit des lumières que j'avais oubliées, des nuances perdues, une émotion refoulée ; au fur et à mesure de l'écriture, les rues de Saint-Erme s'éclairaient, si bien qu'aujourd'hui il me suffit de fermer les yeux pour refaire le parcours de l'école à chez moi ; le corps de Myriam enfin, sa robe, les aréoles de ses seins, tout se précisait petit à petit, au point que si la même femme surgissait aujourd'hui, je la reconnaîtrais. Mais cette chose qui me chuchotait à l'époque un salut, cette chose qui suscitait l'idée de protection, et qui peut-être n'était qu'une espérance d'enfant, je ne la retrouvais pas.

Quelques mois plus tard, je traîne chez Gibert à la recherche d'un livre épuisé de Gershom Scholem. Je sais qu'il est introuvable, mais l'un des libraires m'a conseillé de passer de temps en temps : les livres entrent et sortent, m'a-t-il dit, parfois des livres qu'on n'avait pas vus depuis longtemps apparaissent, ils restent quelques minutes en rayon, un client chanceux s'en empare, ce sera peut-être vous. Comme d'habitude, je me dirige vers le rayon « Judaïsme » ; je parcours à toute vitesse les étagères, jusqu'à S : je regarde les Scholem, je vois tout de suite que le livre convoité n'est pas là. J'en feuillette quelques autres ; je furète entre les volumes ; je remarque un livre de Charles Mopsik, à la couverture noir et bleu, que je ne connaissais pas : *Chemins de la Cabale.* Je lui avais écrit il y a quelques années : on désirait, François Meyronnis et moi, s'entretenir avec lui pour la revue *Ligne de risque* à propos de ses recherches, et de sa traduction du *Zohar.* À l'époque, on m'avait retourné la lettre : il venait de mourir. Je feuillette un peu le volume, je le tourne entre mes mains ; sur la quatrième de couverture, je lis : « Charles Mopsik est mort à quarante-six ans. » J'ouvre à nouveau le livre : il y a un article dont le titre est : « Une philosophie transhistorique de l'Holocauste. » Je le survole, ça a l'air passionnant. Est-ce que j'achète le livre, ou est-ce que je le réserve pour plus tard ? J'ai tellement de livres en attente, j'en lis tellement à la fois, qu'il n'est pas raisonnable d'en rajouter encore un. En même temps, la lecture de cet article sur l'Holocauste me semble nécessaire, je vais en avoir besoin pour *Le sens du calme,* et puis, de toute façon, je continue à étudier la pensée juive, on y consacrera sûrement un nouveau numéro de *Ligne de risque.* Bref, il me faut ce livre.

En rentrant chez moi, je m'allonge et ouvre tranquillement le livre de Charles Mopsik. À la page 4, en exergue, reproduction d'une planche de bande dessinée : c'est Mandrake, avec sa cape de magicien, son élégant smoking, sa fine moustache — le fabuleux Mandrake qui lutte contre le mal grâce à ses pouvoirs hypnotiques.

Je ne suis pas surpris : je comprends tout de suite que c'est ça — c'est ça que je cherchais — cette page-là, précisément celle-ci : c'est elle que j'avais en tête, il y a plus de trente ans, à l'époque de Saint-Erme. J'avais sans doute lu ça dans le *Journal de Tintin,* et ça avait résonné avec les images de *Nuit et brouillard.*

RESPIRE PROFONDÉMENT! C'EST LA DERNIÈRE FOIS.
MAIS MANDRAKE FAIT UN GESTE AVEC LA MAIN.
JE SUIS TROP GRAND POUR ENTRER LÀ DEDANS!
UN AUTRE GESTE ET MANDRAKE DISPARAÎT....
OÙ EST-IL ?
9

Ce qu'on voit dans cette planche est assez profond pour que Charles Mopsik ait voulu le faire apparaître en exergue d'un livre paru après sa mort. D'ailleurs, l'éditeur prend soin de signaler que la bande dessinée d'où cette planche est extraite fait partie de la collection personnelle de l'auteur. Le dessinateur ne met pas en scène explicitement des nazis, il n'indique pas que Mandrake est juif, mais on peut deviner — comme Charles Mopsik l'a deviné — que ce bâtiment sinistre, surmonté d'un tuyau, dans lequel les méchants forcent Mandrake à entrer, en lui disant : « Respire profondément, c'est la dernière fois », est une chambre à gaz.

Mandrake échappe aux nazis grâce à ses pouvoirs magiques ; il disparaît — et l'on remarque, lorsqu'il s'est volatilisé, de la fumée, ou du gaz. Est-ce la fumée de sa disparition, ou le gaz qui sort du bâtiment ?

Je voulais être capable de disparaître, comme Mandrake. Le petit garçon du ghetto de Varsovie qui lève les bras aurait-il pu devenir invisible, et échapper aux fusils ? « Mandrake fait un geste avec la main » : ce geste, c'est celui du salut que j'avais en tête. C'est le geste qui vous donne au vide. Si vous entrez dans le vide, vous ne mourrez pas.

5

Je suis de dos

Je ne parle pas leur langue, je ne suis pas comme eux. J'arrive en cours d'année de 6e au collège de Diemeringen. En Alsace, les lois ne sont pas les mêmes que dans le reste de la France ; le Concordat est toujours en vigueur : il n'y a pas de séparation des Églises et de l'État, si bien qu'à l'école, l'enseignement de la religion est obligatoire.

Je suis catholique, ils sont protestants ; mon cas embarrasse le brave homme qui fait cours — un pasteur grisâtre, empêtré, un peu trouillard, qui reçoit son salaire du ministère de l'Intérieur — ; il ne veut pas prendre la responsabilité de m'*intégrer à son troupeau* ; l'administration du collège décide à sa place : j'assisterai aux cours, sans être noté.

Les autres élèves s'expriment en alsacien, un patois allemand qui les enferme sur leur communauté. Je suis dans la position de l'étranger ; pas moyen de « communiquer » avec eux ; je décide donc de ne plus communiquer du tout.

Je ne me souviens pas du jour exact où j'ai pris la décision de ne plus parler ; mais il y a un dimanche après-midi où les mots VŒU DE SILENCE s'écrivent en toute clarté dans ma tête. Je *vois* ces trois mots, comme s'ils s'animaient devant moi.

C'est dans le grenier. On vient lire là, ma sœur et moi, allongés par terre ; on rêvasse sous une lampe immense, rouge, jaune, vert, qui ressemble à un champignon géant ; elle est faite en vessie de chameau, et vient du Sénégal, où nous avons vécu deux ans. On feuillette une encyclopédie illustrée qui contient les langues, les pays, les espèces animales, les couleurs du désert, des océans, de la savane : il y a une multitude de vignettes ; à cette époque, j'imagine que ce livre rassemble tout ce qui existe dans le monde, comme une arche. C'est un livre pour enfants — un livre *facile* —, mais il nous semble infini : on en jouit déjà, à onze et huit ans, avec ce plaisir régressif des adultes qui replongent dans leurs anciennes lectures.

La neige a recouvert la vallée. Le moulin, la carrière voisine, les sapins : tout est pris dans cette substance un peu béate des jours blancs. On dirait même que l'Eichel s'est figée. Je n'ai pas parlé depuis des mois, mais ça me semble naturel ; et soudain, ce jour-là, les mots VŒU DE SILENCE déchirent ma tranquillité.

Au début, le silence est dur, il vous fait mal au ventre. Vos nerfs se contractent : le refus de parler modifie peu à peu vos rapports, il affecte votre humeur, implique une tension qui vous éloigne de tous. Les choses, les actes, les nouveautés n'ont plus d'importance : vous les vivez depuis un isolement qui les banalise, au point que la distance est devenue votre élément. Une forme de dédain court inévitablement dans vos muscles, mais il faut bien survivre — et le dédain n'est que la réponse à l'exclusion qui vous frappe.

Assez vite, votre gorge se met à exister pour elle-même, elle accentue ses nuances, vous percevez des inflexions nouvelles qui s'épanouissent : une voix étrange ondule à travers votre sang, comme un brasier qui chante. Vous avez l'impression qu'il vous arrive, pour la première fois, quelque chose d'illimité : la clarté suppose l'infini ; le silence y conduit, comme s'il traversait toutes les langues à la fois.

Dans le grenier, les mots VŒU DE SILENCE volettent, comme des petites flammes ; je m'empare d'un couteau touareg que mon père m'a expédié depuis le Tchad pour mon anniversaire. Il est là-bas en « intervention » : une guerre civile décompose le pays, la France a envoyé des militaires. Je sors le couteau de son étui de cuir, le soir tombe, je frissonne ; l'intensité d'un tel moment s'ouvre à l'éclat du sacrifice. Ma sœur hurle — pour rire. Je me dirige vers la bibliothèque, et je grave le mot SILENCE le long d'une poutre, en lettres verticales :

SI
LEN
CE

On est en janvier 1979, j'ajoute :

I-79

Ma joie est extrême, il me semble que je brûle. Je commémore dans le bois et le feu un acte dont je ne mesure pas bien l'importance, mais qui me remplit d'un sentiment d'absolu : oui, il m'arrive quelque chose — l'entrée du silence dans ma vie est un événement. Personne ne l'a décidé à ma place ; personne d'autre que moi ne l'a voulu. Je suis devenu quelqu'un : le silence est ce qu'il y a de plus libre dans la solitude.

Le lendemain, en cours de « Religion », il y a une interrogation écrite. Le pasteur distribue le texte, et m'oublie ; je lève la main ; il me rappelle, en bafouillant, que je ne peux pas être noté, il ne sait pas quoi faire de moi, il aurait mieux valu, dit-il, que je reste chez moi.

Voici qu'il me désigne une table au fond de la classe. Elle est disposée à l'envers, contre le mur, pour les punis. Je ne proteste pas : avec les autres, je ne me sens pas à ma place. Mais faut-il pour autant me mettre à l'écart ? Je vais m'asseoir, sidéré d'occuper la place du banni. Et puis, je n'en reviens pas de leur tourner le dos : ne se rendent-ils pas compte de l'affront que je leur fais ? Je me retourne, ils sont tous penchés sur le texte ; je regarde en souriant le mur devant moi. Au fond, je suis soulagé, le pasteur a raison : je me sens mieux ici — je suis seul, loin, très loin d'eux — *séparé* —, comme si mon silence s'était matérialisé.

J'ai récupéré un texte, l'interrogation écrite porte sur Moïse. Lui, je l'aime bien. J'ai lu dans l'encyclopédie qu'il n'était pas doué pour la parole, parce que sa bouche et sa langue étaient lourdes : il bégayait, c'était un homme taciturne. Je m'en sens, enfantinement, le frère.

Ce sont deux extraits d'Exode. Le premier, c'est l'épisode du buisson ardent. Jusqu'à présent, le buisson accueillait les sacrifices ; ce sont les agneaux qui brûlaient. À partir de cet instant, le sacrifice n'a plus besoin d'agneau. Une voix prend sa place : le sacrifice est devenu parole ; et cette parole s'adresse à un homme que la parole, justement, déserte.

Moïse fait paître du bétail, il gravit la « montagne de Dieu » — l'Horeb —, qui est située « par-delà le désert ». Une « flamme de feu » lui apparaît « au milieu d'un buisson ». Moïse trouve ce buisson étrange, car il brûle sans se consumer. Il s'approche. Le buisson l'appelle, il prononce deux fois son nom : « Moïse, Moïse. » Moïse répond : « Me voici. » Alors le buisson lui révèle qu'il est le Dieu d'Abraham, d'Isaac et de Jacob. Moïse se voile la face, car il craint de porter son regard sur Dieu.

Dans l'autre extrait, Moïse est sur le Sinaï ; cette fois, il demande à Dieu de lui montrer sa gloire. Dieu répond qu'on ne peut pas voir sa face : « l'homme ne peut me voir et vivre. » Il demande à Moïse de se placer dans la fente d'un rocher : « Quand passera ma gloire, je te couvrirai de ma main. Puis j'écarterai ma main, et tu verras mon dos, mais ma face, on ne peut la voir. »

C'est ma première extase : les mots « buisson », « fente », « flamme de feu », « rocher », « gloire » se mettent à danser. Dans quelle langue parle le buisson ? Peu importe, elle me parle — ou plutôt le mot « buisson » me parle, le mot « fente », le mot « flamme ». Je les recopie, je les combine, je commence à former des phrases. Ma main est joyeuse, on dirait qu'elle trace des étincelles. Ce n'est pas la jouissance effrayée de la page blanche, comme après *Nuit et brouillard*, mais un plaisir d'évidence, un émerveillement.

Est-ce mon silence qui m'a destiné à cette expérience ? Ce jour-là, j'entends les mots. Ils s'allument sur la page comme des éclairs rieurs ; on dirait qu'ils chantent.

Sans doute faut-il que je me détourne — que je sois de dos —, pour que les mots viennent à moi. Je viens de découvrir, sans le savoir, ma *position*. Je serai attentif aux mots, disponible au langage ; pour cela, je me dégagerai du groupe.

Et puis j'arrêterai de parler. Le silence favorise l'arrivée du langage, comme un terrain propice. Le silence est cette fente qui brise la pierre, et qui entend la parole — qui s'ouvre à ce qu'il y a de plus lointain en elle. Je serai silencieux pour me mettre à écrire.

Je l'ai raconté : pour moi, Dieu est mort. Il est impossible qu'il renaisse à mes yeux, parce que ceux qui parlent de lui, comme le pasteur, ne sont pas libres, et ne pensent qu'à la morale.

Désormais, je suis de dos : les autres sont là, derrière moi, ils parlent entre eux, à l'intérieur d'une loi qui ne me concerne pas.

Ce qui naît, ce jour-là, c'est le langage : le langage a pris pour moi la place de ce qu'ils appellent Dieu.

6

Ne vois-tu rien venir ?

1980. Un samedi, à Niamey, au Niger. C'est la fête du mouton — la fête des fêtes —, celle que dans toute l'Afrique occidentale, on nomme la Tabaski — ou l'Aïd-el-Kébir. S'y rejoue, à travers l'abattage d'un mouton, d'une brebis, d'une chèvre ou d'un chameau, le sacrifice d'Isaac. Dans le Coran, Abraham se nomme Ibrahim ; et ce n'est pas Isaac qui est placé sur le buisson de sacrifice, mais l'autre fils d'Ibrahim, le fils de la servante : Ismaël, celui qui va fonder l'Islam.

J'ai rendez-vous, en début d'après-midi, avec Lila, une fille de ma classe — 4ᵉB —, qui habite dans le centre-ville : la prof de français nous a demandé de faire un exposé, à deux, sur un conte. Lila m'a laissé choisir — j'ai choisi *La Barbe bleue.*

À l'époque, je vis dans ma chambre comme un roi enseveli dans son tombeau. J'ai tendu au mur des fétiches autour desquels s'ordonne, chaque soir, un rite. Si le rite ne s'effectue pas correctement, je ne m'endors pas. L'entrée dans le sommeil implique une cérémonie compliquée, plus délicate qu'un couronnement, plus fragile qu'un sacre : elle exige de ma part la perfection du fidèle.

Il y a celle que j'appelle la déesse ; elle trône au milieu de la chambre, accrochée à un clou, au-dessus de mon étagère de livres. C'est une figurine de bois noir, dont l'inquiétante tête ovale semble enfermer des secrets de sorcellerie. Les paupières en amande sont fermées sur des yeux dont j'imagine qu'ils sont cousus, afin que la vision ne soit qu'intérieure (les cicatrices rituelles qui marquent ses joues sont ses yeux véritables).

On ne sait si elle sourit, ou si ses lèvres plates énoncent des exclusions : j'ai passé des heures à guetter dans l'ombre le verdict de ses formes : s'endormir, c'est deviner dans l'effrayante multiplicité des signes la possibilité d'une bienveillance.

Je l'appelle la déesse, bien qu'elle soit une poupée de fécondité : les femmes enceintes la glissent sous

DAVID BOWIE
ALADDIN SANE

leur oreiller le temps de la grossesse, afin d'éloigner le mauvais œil ; mais pour moi, elle dirige la troupe des esprits qui se disputent mon âme : c'est elle qui, chaque soir, décide si les favorables l'emportent sur les néfastes — si, le temps d'une nuit, je suis condamné ou sauvé.

À sa gauche, un poignard touareg, incurvé, dans son étui de cuir rouge et noir. Il vient d'Agadès, au nord du Niger, dans le désert du Ténéré, que mes parents, ma sœur et moi avons exploré en 4 L, il y a quelques mois, à l'aventure. J'emploie ce poignard pour ouvrir la cession nocturne — et *trancher les ténèbres.*

À droite de la déesse, le portrait en couleurs de David Bowie : visage blanc, la joue barrée par un grand éclair rouge et bleu, les cheveux roux, comme un renard. Comme la déesse, il ferme les yeux.

La musique de David Bowie a pris dans mon existence la place du liturgique. J'écoute les albums *Aladdin Sane, Ziggy Stardust,* et *Station to Station* avec la dévotion méticuleuse d'un adepte ; je scrute la moindre de ses photographies dans les magazines de rock, à la recherche d'une indication qui renforcerait ma bataille.

Par-dessus tout, c'est son personnage de Ziggy qui me parle. C'est par cet éclair, à travers ce Z étincelant comme une peinture de guerre, que j'entre en contact avec le monde de la menace et celui des protections ; c'est aussi grâce au Z que je peux, à tout moment, défaire la session : le renard est la part hostile en moi, celle qui veut casser la trame — celle qui rit du sacré.

Pour s'endormir, il faut consulter les sortilèges. Ils sont enfermés dans le ventre de la déesse : un coup d'œil, aussi rapide que la lame du poignard, doit les faire sortir, afin qu'ils se répandent à travers la chambre, et que je les affronte.

Voici l'opération : j'éteins la lumière, je cherche dans le noir les yeux de Ziggy (il les ouvre à la nuit) ; Ziggy s'adresse au poignard, dont la lame, en brillant, réveille la déesse : les démons sont lâchés.

Une partie se joue chaque soir dans ma chambre. Elle vise l'équilibre de mon âme. Les esprits qui veillent sur moi sont souvent les plus forts ; mais l'angoisse qui est mon élément durant les deux années où je dépends du triangle Ziggy-poignard-déesse m'initie à cette magie douloureuse où chaque détail compte, où les objets vous observent sans répit, où les angles vous attirent comme des pièges, où les animaux vous parlent.

Le lecteur l'a compris — et moi aussi, qui, écrivant ces phrases, retourne avec stupéfaction dans mon propre labyrinthe : à treize ans, j'étais fou.

En sortant pour aller voir Lila, je découvre les rues de la ville pleines de sang. On égorge partout des moutons. Le sacrificateur, entouré d'enfants, tient une machette ensanglantée. Les moutons sont agenouillés sur un lit de branches, les membres liés, dociles, l'œil noyé de terreur. On leur tranche la gorge, le sang coule sur le sable, où il fait des rigoles noirâtres, grasses. Le dépeçage commence ; on place les morceaux dans des bassines qui sont emportées par les enfants. La carcasse est mise en croix, sur une broche relevée, qui

ressemble au chevalet d'un peintre ; on la fait griller lentement ; l'odeur de graisse brûlée est suffocante ; le ciel se couvre de fumées noires.

(Des années plus tard, lors de la rétrospective Francis Bacon à Beaubourg, en 1996, je retrouve dans certaines de ses toiles toute la violence des mises en proie sacrificielles.)

Dans ma rue, il y a une chèvre attachée à un piquet. Elle mange un coin du carton sur lequel un vendeur de cigarettes fait la sieste. J'ai l'habitude de la regarder par la fenêtre de ma chambre. Entre cette chèvre et moi, il y a toujours eu du feu : on passe des heures à s'observer, elle a le regard tourné vers ma fenêtre, et moi, à travers les trous de la moustiquaire, je cherche dans ses yeux le prix à payer pour survivre. Je sais qu'aujourd'hui, tout à l'heure — comme toutes les créatures de la Tabaski —, elle mourra.

Certains soirs, les démons sont les plus forts, j'habite alors *de l'autre côté*. Mon âme est infectée par le sang des morts ; j'assiste à l'agonie des moutons, j'entends les agneaux mourir dans ma bouche, j'habite l'œil révulsé de la chèvre au moment du sacrifice.

Une lame de couteau circule dans ma chambre à la recherche de ma gorge ; allongé comme un gisant, je veille, désespéré : j'attends la fin des ténèbres.

Si j'existe, c'est parce que je fais partie du rituel : mais ce rituel possède aussi ma mort. Au moment de basculer chaque soir dans le sommeil, me voici suspendu entre la vie et la mort, à la merci d'une erreur. Je tremble ainsi de me tromper dans les gestes : de rester trop longtemps immobile, ou de précipiter au contraire le rythme de l'action.

Car si l'éclair de Ziggy est capable d'ouvrir pour vous le contenu des ténèbres, il peut aussi, les soirs de malchance, le diriger contre vous, et vous transpercer la gorge avec sa pointe.

C'est la condition même de la vie sacrée, celle qui sépare du monde des vivants, et vous offre, comme un cadeau mortel, aux esprits : les esprits ne vous laissent pas en paix ; il faut les affronter — et si vous n'y perdez pas votre âme, si vous ne roulez pas dans l'ornière des damnés, un royaume finira par s'ouvrir.

Comment ai-je fait pour ne pas succomber ? Mes nuits sont le lieu d'un travail incessant pour retourner le poison. Annuler le maléfice. Convertir chaque souffrance en bienfait.

À cette époque, j'ai la tête chargée de hantises : elles forment un bric-à-brac, une construction de récits où les chansons de David Bowie côtoient les mystères du capitaine Nemo, où le Désert des Tartares se mélange à l'histoire des Hébreux, où les femmes de Modigliani rencontrent Nastassja Kinski, où Steve MacQueen s'échappe en moto d'un camp, tandis que James West, le héros des *Mystères de l'Ouest*, qui vit dans un train, monte avec Artemus Gordon dans leur wagon-appartement, et que le capitaine Willard remonte un fleuve jusqu'au cœur des ténèbres, afin d'éliminer le colonel Kurtz, dans *Apocalypse Now.*

Et puis il y a la Barbe bleue. Vous connaissez l'histoire. Elle résonne avec mes troubles. Je m'apprête à la raconter en détail à Lila ; je la répète pour le plaisir, en traversant les rues de Niamey : je la connais par cœur, je vais la lui réciter, comme un poème.

Un homme très riche effraie les femmes par sa laideur ; il cherche sans cesse à se marier. Ce qui dégoûte celles qu'il convoite, c'est qu'en plus de sa terrible apparence, « il avait déjà épousé plusieurs femmes, et qu'*on ne*

savait pas ce qu'elles étaient devenues ». Ces disparitions inquiètent les femmes alentour, autant qu'elles les excitent. Un mariage se conclut avec une fille de ses voisines, parfaitement belle, qui d'abord le dédaigne, puis découvrant ses possessions : vaisselle d'or et d'argent, meubles en broderie, carrosses tout dorés, maisons de ville et de campagne, ne lui trouve plus la barbe si bleue. Les noces ont lieu ; danses, festins ; au bout d'un mois, la Barbe bleue s'absente pour un voyage, laisse à sa femme jouissance de tous ses biens : lui donne la clef des coffres-forts où se trouvent son or et son argent, celle des cassettes où sont ses pierreries, enfin le passe-partout de ses appartements ; elle peut entrer où il lui chante, excepté dans ce lieu qu'il nomme le « petit cabinet », dont il lui donne aussi la clef, et qui est situé, dit-il, « au bout de la grande galerie de l'appartement bas ». Elle promet d'observer l'interdit, la Barbe bleue s'en va. Elle rameute aussitôt ses amies, et parcourt avec elles les chambres, les garde-robes, les tapisseries, les sofas ; chacune s'extasie sur ces richesses, et envie la mariée qui ne pense qu'au petit cabinet dont son mari la frustre. Son désir est si intense qu'elle quitte la compagnie, et y descend par un « petit escalier dérobé » : elle prend la petite clef, ouvre en tremblant la porte du cabinet.

Et voici la phrase qui fait de ce conte une histoire inépuisable, celle que je désire faire entendre à Lila, celle qu'on ne peut s'empêcher de lire plusieurs fois tant elle crève les yeux : « D'abord — écrit Perrault —, elle ne vit rien, parce que les fenêtres étaient fermées ; après quelques moments elle commença à voir que le plancher était tout couvert de sang caillé, et que dans ce sang se miraient les corps de plusieurs femmes mortes et attachées le long des murs (c'étaient toutes les femmes que la Barbe bleue avait épousées et qu'il avait égorgées l'une après l'autre). »

La terreur fait lâcher la clef à la jeune femme ; elle la ramasse, referme la porte et s'enferme dans sa chambre. À plusieurs reprises, elle essuie la clef qui, en tombant, s'est tachée de sang ; elle a beau laver, frotter cette clef, le sang y demeure, car elle a deux côtés, comme toutes les choses appartenant à la magie : « quand on ôtait le sang d'un côté, il revenait de l'autre ». La Barbe bleue réapparaît le soir même, son voyage est annulé : il lui réclame les clefs, qu'elle lui rend avec des tremblements. Il manque la clef du cabinet, la Barbe bleue s'en aperçoit, il insiste : sa femme est obligée de l'apporter. Le sang sur la clef révèle sa trahison : la Barbe bleue décrète que sa femme doit mourir. Elle obtient un répit, qu'elle utilise en prévenant sa sœur Anne :

celle-ci monte sur le haut de la tour afin de voir si leurs frères arrivent.

C'est là que sont prononcées ces paroles étranges entre les deux sœurs, paroles magiques, qui relèvent du sésame, et qui sans doute, mieux que l'épée de leurs frères, les délivrent du charme mauvais de la Barbe bleue : « Anne, ma sœur Anne, ne vois-tu rien venir ? » demande la mariée. Sa sœur lui répond : « Je ne vois rien que le soleil qui poudroie, et l'herbe qui verdoie. » La Barbe bleue s'impatiente, il tient un grand couteau à la main, et crie à sa femme de descendre. Les paroles magiques ont été prononcées plusieurs fois ; et voici qu'au moment où la Barbe bleue, empoignant d'une main les cheveux de sa femme, lève son bras pour l'égorger, surgissent les frères, qui lui passent leur épée au travers du corps. La Barbe bleue n'avait pas d'héritiers ; sa femme, remise de ses frayeurs, reçoit tous ses biens.

Je longe le Grand Marché de la ville : des moutons sont crucifiés le long de la rue, face aux échoppes fermées des marchands de fruits. Le sang imbibe la terre, son odeur me monte à la tête, le fumet des viandes grillées m'enivre.

Un étrange plaisir agite ma gorge, comme si je m'égarais. J'ai la sensation, en ce jour de fête où la tuerie inonde les rues, d'être entré dans le cabinet de la Barbe bleue.

La flaque de sang où se reflète le corps des femmes qu'il a égorgées l'une après l'autre s'est étendue à l'univers entier : je me promène dans cet univers où le sang miroite ; les animaux et les hommes sont sacrifiés de la même façon, un couteau les égorge, et la main qui tient le couteau disparaît dans l'ivresse du sacrifice.

J'ai recopié sur un bout de papier une phrase de Rimbaud : je l'apporte à Lila. Je l'ai trouvée dans les *Illuminations*, un petit livre que je viens de découvrir grâce au frère d'un ami, et qui m'éblouit : les phrases y sont comme des pierres précieuses. J'aimerais qu'elle lise celle-ci à la classe durant notre exposé : « Le sang coula, chez Barbe-Bleue, — aux abattoirs —, dans les cirques, où le sceau de Dieu blêmit les fenêtres. Le sang et le lait coulèrent. »

Les abattoirs et les cirques : le sang coule donc partout. Est-il possible d'échapper à la flaque ? Elle grandit, elle arrive jusqu'à votre lit, elle lèche vos chevilles déjà, et peut-être ne veut-elle qu'une chose : monter jusqu'à votre sommeil, et vous engloutir.

Certains soirs, si je ne parviens pas à m'endormir, c'est parce que je ne sais plus de quel côté de la porte du petit cabinet se trouve mon lit. Suis-je *derrière* la porte — ou *devant* ? Suis-je avec les cadavres ou avec les vivants ?

On s'imagine en général que l'horreur est de l'*autre côté*, on se croit protégé par la serrure ; et même si le sang coule un peu sous la porte, on sait qu'on est vivant, et que les morts sont dans l'autre pièce. Mais si c'était le contraire ? Si l'on ne vivait pas du côté où l'on croit vivre ?

Lorsque je fais ce cauchemar, il ne m'est plus possible de respirer. L'effort pour rétablir le sens me prend les forces d'une nuit entière. Je dois *revenir des morts* — je dois remettre la vie dans la vie. Ma tête n'y suffit pas, ni mes provisions de lectures.

Lila m'accueille en maillot de bain. Elle porte un t-shirt blanc un peu large, dont elle a roulé les manches. Sous le t-shirt, elle n'a rien : lorsqu'elle lève les bras, j'aperçois ses seins, petits, tendus comme des poires naissantes.

Elle est brune, vive, rieuse ; elle porte une queue-de-cheval, et une chaînette en or autour de la cheville. À côté d'elle, je suis effrayant de gravité.

D'abord, elle veut qu'on se baigne. Elle plonge dans la piscine : un bassin entouré de papyrus où flottent des feuilles d'hibiscus ; je me déshabille, et la rejoins dans l'eau.

En sortant de la piscine, elle noue son t-shirt mouillé à sa hanche, juste au-dessus du nombril. Le tissu moule ses seins. Je devine, sous son maillot, une toison très sombre et très fournie. Ma timidité n'a pas encore pris la forme catastrophique qui, des années plus tard, me paralysera : la compagnie des démons m'a appris que le désir est avant tout une chose à défendre. Tout en m'essuyant avec la serviette-éponge qu'elle me tend, je lui parle de la Barbe bleue, comme s'il n'y avait que cela qui m'intéressait.

On passe dans sa chambre, on est serrés l'un contre l'autre, sur son lit, le dos contre le mur. Alors je lui raconte l'histoire de la Barbe bleue ; je raconte tout, dans le moindre détail. Les mots sortent de ma bouche avec une facilité qui m'étonne, ils glissent dans l'air, irisés comme des bulles, humides, parfaits. Je prends plaisir à lui dire des choses si étranges : je vois bien que le sang sur la clef la trouble. Comme dans l'éclair de Ziggy, c'est la rencontre du rouge et du bleu qui m'électrise. Le bleu est la couleur de l'étranger, celle de la différence, c'est la barbe du paria. Le rouge est celle du sacrifice, il accompagne à la fois le désir et la mort.

Lila est concentrée, elle a ramené son t-shirt très haut, juste sous les seins qui semblent plus gros, maintenant, avec leur pointe dressée ; des gouttes d'eau glissent le long de ses jambes, son nombril scintille. J'ai envie de poser ma main sur son ventre. Je suis gêné par les battements de mon cœur qui s'accélèrent.

Depuis tout à l'heure, je n'arrête pas de parler du rouge, et je viens de me rendre compte que c'est la couleur de son maillot, celle aussi de ses orteils vernis : mon émotion devient un peu compliquée.

En lui racontant cette histoire de portes verrouillées, de serrures et de clefs souillées, je réalise qu'il s'agit moins de meurtre que d'une chose plus obscure, après laquelle mes nuits courent, et dont la déesse masque par sa cruauté les enjeux charnels.

Alors je m'embrouille, je commence à bafouiller ; mais Lila me sauve : elle dit, d'une voix limpide, avec un sérieux qui m'étonne, qu'à ses yeux la Barbe bleue n'est pas un monstre, mais une victime : il cherche une femme en qui il pourrait croire, d'où cette mise à l'épreuve qui peut sembler sadique, mais qui, en réalité, ne piège que celle qui déjà se disposait à le trahir. Cette femme, dit Lila, ne l'a épousé que pour son argent ; il lui offre l'occasion de lui manifester autre chose que cette cupidité : de la confiance, par exemple. La Barbe bleue attend l'amour : il voudrait que cette femme le sauve en *ne regardant pas* ce qu'il y a de mauvais en lui. Elle ne veut pas faire cet effort ; alors il redevient criminel.

La voix de Lila prend des inflexions passionnées ; son doux visage, ses lèvres charnues me font penser à Nastassja Kinski, dont une célèbre photographie la montre nue, enlacée avec un python.

Je propose qu'on fasse exactement comme ça : devant la classe, je résume l'histoire, puis elle propose son interprétation, celle qu'elle vient de développer, qui est parfaite. Il y aura sans doute un débat, la prof ne sera pas contente qu'on défende un tueur de femmes.

On éclate de rire tous les deux, nos bras, nos jambes se touchent, cette joie me détend.

D'un bond elle quitte le lit, et m'entraîne par la main. Elle sourit, un doigt sur sa bouche : silence. On se dirige tout doucement vers le couloir, jusqu'à une porte devant laquelle elle s'agenouille : « Tu veux voir ce qu'il y a dans le cabinet de toilette ? » Voici qu'elle regarde par le trou de la serrure. Je suis debout, derrière elle : je cherche une attitude, l'œil fixé sur son maillot qui lui entre dans la raie.

Elle me fait signe de m'approcher. Nous sommes à genoux tous les deux, elle essaie de ne pas rire, et se cramponne à ma cuisse pour garder l'équilibre. J'ajuste mon œil à la serrure. Il y a une femme nue, assise sur un tabouret, à côté d'un lavabo. On la voit de profil. Ses seins sont opulents, ils tombent avec une lourdeur qui me bouleverse. Elle porte ses mains à sa toison, qui est noire comme sa chevelure, et bouclée comme elle. On dirait qu'elle se coupe les poils, mais ce ne sont pas des ciseaux qu'elle a entre les mains : je ne vois pas bien.

J'entends Lila me dire à l'oreille : « C'est ma mère, tu la trouves belle ? » Elle est collée contre moi, maintenant. Sa main sur ma cuisse se fait plus douce, elle remonte. J'avale ma salive avec difficulté, je tremble un peu. Les seins de cette femme, ses jambes écartées, le mouvement de sa main me font une impression dont la violence éclaire mon désir. Lila me caresse doucement entre les jambes, je sens à peine ses doigts, mais mon ventre se contracte. On se regarde, je lui souris, on s'embrasse juste devant le trou de la serrure, avec une maladresse fiévreuse. Puis elle regarde à son tour par le trou, et j'en profite pour la toucher : les cuisses, les fesses, le dos, puis les seins, dont la rondeur me procure un plaisir inouï. Je vois que Lila sourit, elle continue à me toucher elle aussi, et tandis qu'elle scrute les mouvements de sa mère qui de l'autre côté de la porte fait comme nous, la voici qui guide ma main entre ses jambes. C'est chaud, mouillé, mes doigts fondent. Elle pose sa main sur la mienne, la maintient avec force, mes doigts écartent le tissu de sa culotte, ils entrent à l'intérieur. Lorsqu'on se relève, elle m'attrape le poignet, lèche mes doigts, puis éclate de rire.

En rentrant, je trouve la chèvre en croix. Ma sœur est en larmes. Je reste imperturbable, et vais la saluer : je sais qu'elle est morte afin que je ne meure pas — afin que je prenne sa place dans le monde des vivants.

Il s'est mis à pleuvoir. L'eau est orange, presque rouge, elle porte avec elle le sang des bêtes égorgées. Est-ce qu'elle va s'infiltrer sous la porte ? Je m'en fous : j'ai vu le feu. Pas celui qui vous destine à cette guerre nocturne où les esprits vous abîment — l'*autre feu* : celui qui brûle entre les corps, celui qui les rapproche, et consacre leur jouissance.

Dans ma chambre, j'observe la goutte d'eau qui repose au creux de l'épaule de Ziggy. Je me suis souvent demandé à quoi elle servait. Ce soir, je n'hésite pas : je bois cette goutte. Elle me rafraîchit. Il suffit de la faire couler dans la lézarde : l'érotisme ouvre un chemin bienfaisant, loin des hantises.

Cette nuit, je regarde autrement la déesse. Est-ce que le plaisir est un rite ? J'ai découvert un instant qui se consacre à lui-même. Le sommeil, à présent, est de mon côté.

7

Je reprends mon nom

C'est un samedi, en 1983, j'ai seize ans. Je suis enfermé au Prytanée militaire de La Flèche. Quand mon père m'a incité à passer le concours, deux ans plus tôt, je n'y ai vu aucun inconvénient. J'étais indifférent, passif. À la rentrée de septembre, je m'étais retrouvé les cheveux rasés, en treillis, au garde-à-vous face au drapeau français, avec d'autres adolescents dont la torpeur favorisait la soumission.

Qu'est-ce que je faisais là ? L'école ressemblait à une caserne engourdie ; nous étions parqués dans un dortoir puant, astreints du matin au soir à un système d'horaires, de consignes, d'interdictions qui me paralysait.

Je régnais jusqu'alors sur une cérémonie d'enfance, mon univers était absolu ; voici que je deviens un brave garçon qui fait comme tout le monde : entre les murs du Prytanée, ma vie se referme, je prends le pli.

La découverte des autres, vantée comme un bénéfice, m'apparaît une imposture : le moindre contact relève du rapport de forces. Élèves ou militaires, ils sont tous affreux : ils ont de lourdes formes et la dureté vulgaire des gens frustrés.

La dépossession n'est jamais tapageuse : on coule doucement vers des clartés qui blessent. J'attends ; il ne m'arrive rien. Le Prytanée met à nu mon petit fonctionnement de héros frileux, ratatiné sur une gloire qui n'appartient qu'à l'enfance. Je découvre mon inconsistance. J'aimerais me faire croire que mon néant est prodigieux, exceptionnel, incomparable : mais il ressemble à d'autres néants — à ce néant écœurant des garçons de mon âge, qui ruminent leur inertie, et dont le corps ne semble voué qu'à des supplices ingrats.

La docilité qu'on attend de moi me répugne ; mais l'encadrement militaire essaie de nous convaincre que rien n'échappe à la servitude. Est-il possible d'être quelqu'un quand on est soumis à la règle commune ? Dans l'univers coercitif, il ne faut surtout pas se déclarer ; c'est pourquoi je veille, la première année, à ne pas me faire remarquer : je me compose une figure de jeune homme sage et studieux. Je passe inaperçu : on me laisse tranquille.

Je redoute plus que tout d'être défenestré. Quelques fanatiques ont trouvé amusant, lors d'un bizutage, de ficeler un *nouveau* entre deux matelas, et de le précipiter par la fenêtre. Il n'y a que deux étages, mais l'idée qu'à tout moment ces barbares puissent débouler dans le dortoir et s'emparer de l'un d'entre nous pour l'expédier dans le vide me semble insupportable. Je rapproche cette hantise de ce cauchemar — plus classique — où je me réveille, vivant, dans un cercueil qu'on vient d'ensevelir.

Les sortilèges dont j'avais été la proie dans ma chambre africaine ne sont rien par rapport à la torture d'être privé de vie : je pensais réellement que je ne vivais pas, que j'étais *sans vie*, que tous ici nous traversions notre mort.

Les moments où je parvenais à sortir de l'emprise étaient brefs ; ils se déroulaient la nuit, à l'écart, sur un banc. J'avais pris l'habitude, après l'extinction des feux, de me relever pour fumer une cigarette sous le feuillage d'un platane que j'affectionnais. Je descendais en pyjama, enveloppé d'un caban, et passais vingt minutes chaque soir à *écouter le platane*. Je n'ai jamais prononcé un mot : mon silence et celui de cet arbre se confondaient ; je respirais enfin, à l'intérieur d'une solitude qui s'élargissait, comme un feuillage.

J'ai tenté plusieurs fois, au Prytanée, d'inventer autour de moi une zone étanche ; mais chacun de mes vœux de silence était rompu, parce qu'une nouvelle passion, la pire de toutes, me torturait : je voulais être approuvé.

À dix ans, j'avais été le sauveur empêché de Jésus, puis, à douze, une créature de sacrifice ; il m'aurait fallu à présent devenir l'exclu magique. Il y a, dans *Une saison en enfer*, une notation étrange de Rimbaud : « La dernière innocence et la dernière timidité. » Timide, je l'étais — mais innocent ?

Et puis voici qu'en quelques jours, tout se révèle. L'épisode a lieu durant ma deuxième année au Prytanée. C'est le printemps, un début d'après-midi, en cours d'allemand. Le temps est splendide, on a ouvert les fenêtres, on somnole. Le professeur me demande d'aller chercher le cahier de textes, je sors de la classe, et m'élance — tout joyeux. Je prends le virage au bout du couloir à fond de train : là, un type me percute, mon arcade sourcilière éclate. Nous voici à terre, la tête me fait mal, j'ai du sang plein les mains, le type aussi saigne énormément, il a une entaille affreuse à la joue. Je ne parviens pas à me relever : en plus de l'arcade, j'ai une jambe cassée. On nous emmène à l'infirmerie : le médecin-chef s'occupe du type, et m'envoie à l'hôpital de La Flèche ; après m'avoir recousu et plâtré, on me donne un lit, sous une fenêtre ensoleillée, face au fleuve.

Je passe une semaine dans un grand silence blanc. Ma torpeur est splendide ; je souris continuellement, hébété comme un idiot.

Je fais la connaissance de Quentin, un grand type émacié qui occupe le lit voisin. Lui aussi est au Prytanée, mais au Grand Bahut : il a dix-neuf ans et prépare Polytechnique. J'admire son élégance. Chaque matin, il se dirige vers la fenêtre, et contemple le fleuve avec un dédain tranquille ; ses gestes sont longs et fins, il porte son caban sur ses épaules, à la manière d'un tsar. Il passe ses journées à lire un roman de Kafka, qu'il me recommande ; il ne comprend pas que je perde mon temps avec des romans policiers :

les livres sont des armes, dit-il — de vraies grenades : la révolution consiste à sortir de l'esclavage, dit-il : « Dostoïevski, Kafka, Faulkner, lis ça, mon vieux, c'est libérateur : tu verras comme l'adversité te paraîtra d'un coup minable. »

Quentin n'était pas malade, il n'avait pas eu d'accident : il *simulait.* Il prononçait ce mot avec fierté, y voyait l'art exemplaire de la survie. En quelques jours, Quentin m'apprit des vérités cruciales : « Il faut briser ses chaînes sans qu'ils le voient. Il n'y a que ça de vrai : l'imperceptible. Essaie de te révolter, ils te tomberont dessus tout de suite. Ils n'attendent que ça : comment est-ce que tu crois que Descartes a pu tenir dans un trou pareil ? *Larvatus prodeo*, c'était sa devise : je m'avance masqué. »

La lumière d'avril est dorée, les crépuscules m'enveloppent avec douceur. Il y a, sur les toits, une minuscule terrasse qui donne à pic : une chaise longue y est installée. Quentin va fumer là en douce. Il faut tirer sur une trappe, au plafond, dans les combles. Un escalier de bois coulisse, grimpez : vous êtes sur le toit.

Au début, le vertige m'empêchait de jouir de cette liberté. Je m'agrippais à la chaise, je vivais ma chute.

C'est en commençant à lire *Le procès* de Kafka que la peur du vide s'est retournée. Quentin me l'avait offert avant de partir. Je me suis procuré des cigarettes, grâce à une infirmière dont le frère est enfermé lui aussi au Prytanée, et qui nous plaint. Elle m'aide à monter jusqu'aux combles, avec mes béquilles, puis je vais sur le toit, et lis Kafka.

Là, je me détache. Le vide n'est plus en bas : il est ici, et s'épanouit — c'est mon corps. Voici que ma solitude devient imprenable ; personne ne pourra me dérober ce trésor qu'elle fait naître dans un corps qui se libère. Il existe un espace où les ordres, la surveillance, les frustrations n'ont plus cours ; et peu importe que cet espace soit à peine un filigrane : avec lui s'ouvre un royaume.

Ma rage contre le système de brimades qui nous incarcère dans notre propre honte se dissipe : sur ce toit d'hôpital, je comprends que cette contrée qui s'ouvre en lisière de l'entrave m'illumine quand je lâche prise.

Au Prytanée, je « meurs » sans cesse : si je parviens à me lancer dans le vide, cette mort n'existera plus. Par le vide, je m'égale à la mort, sans mourir.

Des années plus tard, je tombe sur une phrase de Georges Bataille, qui jette une lueur de cruauté sur mes affres. J'ai souvent recours à elle : « Qui ne "meurt" pas d'être un homme ne sera jamais qu'un homme. »

J'ai demandé un stylo, du papier. La jeune infirmière me donne un cahier qui passe ici de main en main. La moitié des pages est arrachée, ce qui m'oblige à écrire tout petit, pour ne pas arriver trop vite à la fin. Je commence à griffonner chaque jour des notes sur le vide — sur mon usage du vide, sur ces lueurs qui rendent possible mon évasion. Très vite, je donne à ces notes la forme d'un texte. J'ai trouvé un titre : *Le carré blanc.* Il fait référence à cette fenêtre qui apparaissait dans un coin de l'écran lorsque la télévision, dans mon enfance, diffusait un programme pour adultes.

À dix ans, j'avais bloqué sur une page blanche : j'avais vu quelque chose qui rendait impossible la présence des mots. Voici enfin que le blocage se lève, et que la page blanche m'accueille ; ce n'est plus un abîme — au contraire, une source miroite au cœur de cet abri : je retrouve l'entrée de quelque chose de très ancien, qui s'était perdu.

On est en train d'étudier Du Bellay : le livre s'appelle *Les regrets*. L'un de ses vers me plaît : *« Je remplis d'un beau nom ce grand espace vide.* » C'est exactement ça : une chose infinie s'ouvre devant moi ; plus je crois remplir ce vide avec des mots, plus il s'agrandit, me procurant ce plaisir qu'on éprouve à passer une frontière.

Je sors de l'hôpital un samedi, le visage illuminé par ces journées de vide. Je serre *Le carré blanc* dans la poche de mon caban. On me ramène en estafette au Prytanée. Il est neuf heures du matin. L'air est doux ; je porte mon caban comme une cape, posé sur mes épaules, à la manière de Quentin ; le soleil d'avril inonde la cour d'honneur. Je me dirige vers le banc, en m'appuyant sur les béquilles, afin de saluer mon platane.

Ils sont tous en cours, j'irai les rejoindre dans quelques minutes : d'abord le platane. D'ailleurs un samedi, à 9 heures, j'ai un peu oublié : est-ce que c'est « Histoire » ou « Français » ?

Je traverse la cour, le ciel est une gloire, les feuillages me sourient, tout est bleu clair, doré, frémissant comme un baiser. Et voici un gradé, il est planté juste devant moi, comme s'il m'attendait. D'où sort-il ?

Je crois que c'est le colonel : celui qui dirige l'École. D'habitude, on ne le voit jamais : « Que fais-tu là, Brution ? » Je lui explique que je reviens de l'hôpital, j'ai la jambe cassée, je me repose deux minutes, avant d'aller en cours. Il me reproche de ne pas m'être rasé, et surtout de ne pas l'avoir salué. Je ne l'avais pas vu, je m'excuse, il y a un grand soleil, je rêvais. Il me demande mon matricule. Je n'arrive pas à m'en souvenir, il ne me croit pas, il s'énerve, et m'ordonne d'enlever mon caban. Je ne comprends pas, il réitère son ordre, avec une brutalité dans la voix qui détruit la belle harmonie de ce matin. Je dépose mes béquilles à terre, et à cloche-pied, veillant à ne pas forcer sur ma jambe plâtrée, j'ôte comme je peux mon caban, et le lui tends. Il me regarde avec dédain : « Que veux-tu que j'en fasse ? » Le caban tombe à terre. Il avance la main vers mon blouson et arrache la bande velcro sur laquelle mon nom est imprimé.

En fin de matinée, le capitaine me fait savoir, par le biais d'un adjudant-chef, que j'ai gravement enfreint le règlement : j'ai même fait preuve d'une insolence caractérisée vis-à-vis du colonel L. J'apprends que ma punition est immédiate : interdiction de sortir ce week-end ; en attendant que les autorités décident de mon sort, je serai consigné en étude.

À treize heures, tandis que mes camarades courent à la gare rejoindre leurs familles, ou revêtent la tenue de sortie réglementaire pour la tournée des bars, je me dirige vers la salle d'études où l'on regroupe les punis. Je suis seul, ce samedi. L'éducateur fait la gueule : à cause de moi, lui non plus ne peut pas sortir. Vers seize heures, il craque : il a une course à faire, et propose de me transférer dans la bibliothèque de section, où il me laissera seul. Là, il m'enferme à clef; et promet de revenir à dix-neuf heures, pour m'accompagner au réfectoire.

Je m'installe à une petite table, avec le Kafka. J'en finis la lecture, je vais regarder les rayonnages, feuillette quelques livres, puis reviens à ma place avec des contes de Flaubert. Je vais de temps en temps à la fenêtre voir le platane. Il est presque dix-huit heures, j'ai la bougeotte. À dix-neuf heures : personne. Je patiente, il va arriver. À vingt heures, toujours rien. À vingt et une heures, je perds espoir. Il fait nuit, maintenant. On m'a oublié. Je vais briser une vitre.

Au moment d'y porter mon coude, je me vois. Mes yeux sont exorbités, comme ceux d'un voyant. Qu'est-ce qui m'arrive ? J'ai l'air béat. Au fond, cette solitude est une chance : elle est le contraire d'une punition. Comment se tirer d'affaire : c'est l'objet de toutes les luttes. La mienne, depuis la révélation du toit, je la veux secrète ; être seul est une victoire : j'ai trop d'orgueil pour partager la jouissance de ma lutte avec ceux à qui je m'oppose. Et puis mon expérience est intérieure : la révolte n'est souvent qu'un alibi à la résignation ; j'ai découvert que dans la solitude, il existe une révolte plus large que toute révolte, une révolte qui n'est pas récupérable, parce qu'elle ne donne pas le change nécessaire pour être identifiée. Ce soir, on croit me tenir, mais au contraire je me tiens de moi-même : je déserte.

La désertion est imperceptible ; déclarer sa position impliquerait de trahir ce qu'il y a d'indomptable en elle, et le déserteur ne se préoccupe pas de déclarer sa position : il existe précisément par son refus de toute position. Le véritable déserteur n'est pas repérable ; il est là, parmi vous : ses pensées se diffractent comme du pollen dans le vent.

J'avise des caisses empilées dans un coin, remplies de livres scolaires. Je me confectionne avec elles un bureau en U. Je prends modèle sur ce *studiolo* qu'on voit dans les tableaux italiens, où un saint étudie

jusqu'à l'extase, face à un lutrin encombré de livres ouverts, dont les pages semblent des phylactères.

Je vais chercher des livres et les dispose sur le bureau ; je les ouvre à toute vitesse, je passe de l'un à l'autre, de plus en plus vite, j'attrape au vol une phrase, une deuxième, trois, quatre phrases qui se mélangent dans ma tête. J'avale les livres, comme Jean à Patmos.

Des flammes s'allument sur la page. Les phrases brûlent. Ma main trace des mots dans les cendres.

C'est ainsi que je me suis mis à écrire. L'abandon se retourne en faveur. La solitude et la nuit se confondent avec les phrases. J'éteins la lumière. Une lueur éclaire un petit espace de papier devant moi. C'est une bandelette blanche. On dirait la bande velcro qu'on m'a confisquée. Elle est vierge, je n'ai plus d'identité. J'écris à l'intérieur de cet espace vide. Je suis délivré, comme un saint.

8

Pembridge Palace Hotel

En 1987, j'ai vingt ans. Je m'enfuis avec une fille à Londres. Elle est blonde, sage, mélancolique ; elle a ce visage de miel éteint qu'on voit dans les tableaux de Balthus. On a très peu d'argent, de quoi tenir trois ou quatre jours. Je veux voir absolument le concert de Johnny Thunders, l'ancien guitariste des New York Dolls et des Heartbreakers. C'est dans un club de Portobello ; il vient de reformer un groupe, qui s'annonce exceptionnel.

On attend l'autocar d'Eurolines dans un parking de la porte de Bagnolet ; il est deux heures du matin, on va rouler toute la nuit. La jeune fille sourit tristement, elle vient de se disputer avec ses parents, qui lui interdisaient de me suivre. Ses boucles d'oreilles se reflètent dans les vitres ; les perles brillent, rouge et or, comme des bougies qui frémissent ; autour d'elle, la nuit s'illumine doucement. Elle dort, enveloppée d'un manteau de velours vert bouteille, dont les replis de soie font des chatoiements. À côté d'elle, j'ai l'air d'un gueux : je suis entièrement vêtu de noir, avec une veste en cuir pelée, un manteau d'occasion, et des boots pointues.

J'ai apporté des cassettes des Cocteau Twins, de Taxi Girl, du Gun Club et des Dogs. On a un walkman, un stock de piles, et un écouteur chacun. On roule jusqu'à Boulogne, puis c'est un ferry, et de nouveau la route, jusqu'à Victoria Station. Elle a posé sa tête sur mes genoux, je ne sais pas si elle écoute la musique, ou si elle dort. C'est la nuit, mais je porte des lunettes noires, en hommage aux Cramps, et à leur chanson *Sunglasses after dark*.

À Londres, il neige. Les premiers jours, on se promène, on s'achète des disques et des fringues. Et puis très vite, ça tourne mal. Je me fais voler mon portefeuille. On se replie sur le quartier pakistanais, à Bayswater, où l'on nous conseille un hôtel délabré de l'ère victorienne : le Pembridge. Avec l'argent de mon amie, j'achète, dans une ruelle, de quoi fumer : pendant le concert, je suis si défoncé que je perds conscience, et m'écroule au milieu de la foule. La jeune fille s'affole ; un type me ramasse, et nous met tous les deux, paraît-il, dans un taxi.

À mon réveil, je suffoque. Le chauffage de la chambre est bloqué, on meurt de chaud : malgré la neige, on laisse la fenêtre ouverte, des flocons tombent sur le lit, où nous passons la journée, allongés, sans un mot.

Je n'ai pas compris tout de suite que le Pembridge était un lieu de réinsertion sociale. Nous sommes les seuls clients ; je demande le prix de la chambre : on ricane. Ce sont de jeunes fous, des drogués, des ex-taulards qui s'appliquent à passer l'aspirateur en titubant, ou à nous servir un breakfast, pieds nus, les yeux collés par la dope.

La nuit, impossible de dormir : ils écoutent du punk à fond sur un radiocassette. On change de chambre chaque soir, toujours plus haut dans les étages, si haut qu'on nous oublie : les derniers jours, plus personne ne vient faire la chambre.

Au début, on explore les étages ensemble. Je demande à mon amie de dire un numéro, puis on court à la recherche de la chambre. Elle ne dit pas « faire l'amour »

— elle dit : « s'envoyer en l'air ». Sa peau est bleutée ; lorsqu'elle jouit, sa bouche se fige, ses lèvres deviennent blanchâtres. Elle porte des bas couleur chair, je trouve qu'ils vont bien avec son pubis. On n'a pas de contraceptifs : je me retire au dernier moment et jouis sur elle ; mon sperme lui éclabousse le ventre, les seins, les fesses. Elle prend un air vicieux, pour rire, trempe son index dans le sperme et le porte à sa bouche.

La nuit de Noël, on dîne au premier étage d'un pub qui voue un culte à Conan Doyle. Notre table est placée devant la vitrine où trône une statue de cire de Sherlock Holmes. Durant la soirée, les clients défilent pour se faire photographier avec le célèbre détective, nous obligeant sans cesse à déplacer nos chaises. Depuis mon malaise, notre intimité était défaillante — voici qu'elle se désintègre ; mon amie est fâchée : elle sent que ce voyage est un naufrage.

Je crois que j'ai une otite. Sensation de vrille dans les oreilles. Impossible de dormir : la nuit, je parcours les étages, en me bourrant de médicaments. J'avale tout ce que j'ai : paracétamol, aspirine, et les comprimés de Lexomil de mon amie. Comme j'ai dépassé les doses, et pris en même temps de l'alcool, je vacille, enveloppé dans un vertige qui m'engourdit.

Le fastueux tapis rouge du couloir déroule à chaque étage ses kilomètres de crasse ; des gravats s'entassent dans l'escalier ; l'humidité décompose les plâtres. Vers trois heures du matin, il m'arrive de croiser un type ou une fille à moitié nus, les cheveux en bataille, l'air égaré. J'évolue dans un labyrinthe rouge et blanc, au bord de l'évanouissement.

Je suis allé fumer un joint et boire des bières avec les deux types qui écoutent les Sex Pistols à fond dans le sous-sol. J'arpente les couloirs de l'hôtel, walkman sur les oreilles, jusqu'à ce que je m'écroule. Le matin, la jeune fille menace de rentrer seule en France. Je ne l'entends pas bien : est-ce que mes oreilles saignent ?

En parcourant la nuit les couloirs du Pembridge, je souris en songeant à mes hantises d'enfance : j'ouvre une porte au hasard, je vais trouver le plancher couvert de sang, et dans ce sang vont se mirer des cadavres. J'entre, je vais à la fenêtre ouvrir le rideau, je m'allonge sur le lit ; j'ai passé des heures allongé ainsi dans des chambres du Pembridge pendant que la neige tombait.

Où en étais-je de ma vie ? Aucune idée. Je crois bien qu'à l'époque cette expression : « ma vie », m'aurait fait rire. J'avais perdu toute notion. Je n'attendais rien ni personne ; tout glissait sur moi d'une manière évasive, *comme si j'avais disparu.* Une jeune fille me cherchait à travers les étages d'un hôtel, et moi, la tête abîmée de douleur, je perdais du sang.

Car il n'y avait pas qu'une otite : j'avais aussi d'étranges saignements, comme si ma vieille obsession de la flaque se matérialisait : ce n'étaient encore que quelques gouttes, mais je sentais que mon corps se déchirait.

Il neige tellement que les cars d'Eurolines ne roulent plus ; on est coincés, sans argent, dans cet hôtel que mon amie ne supporte plus. Elle passe ses journées à la réception, au téléphone ; elle essaie de trouver une solution pour qu'on rentre en France. Moi, je ne fais aucun effort, je reste au lit à regarder la neige tomber. Je sens bien que je l'agace, les reproches s'accumulent. Je ne lui ai rien dit sur mes saignements. Dire quoi ? Je ne comprends pas ce que j'ai, et puis je n'arrive même plus à parler : il n'y a plus de paroles en moi. Quelque chose pourrit dans ma gorge, comme un vieux morceau de pain.

À la Tate Gallery, on repère un Balthus de 1943, *Jeune fille endormie*, qui ressemble à mon amie. Je lui dis que c'est son portrait spirituel ; elle semble d'accord : elle se reconnaît dans cet abandon au sommeil orange et vert. Les couleurs, tendres, boisées, sont les siennes ; l'obscurité qui tourne autour du lit la protège : elle provient d'un silence d'où mon amie émerge à chaque instant.

Il y a aussi un dessin de Louise Bourgeois : un labyrinthe rouge formé par une spirale dont l'extrémité semble une tête. J'explique à mon amie que cette œuvre est la représentation exacte de ma souffrance, et peut-être de ma vie. Cet entortillement inflammatoire, c'est mon oreille, lui dis-je — un buisson de flammes rouges : imagine que j'ai ce labyrinthe de chaque côté de la tête, lui dis-je ; mais c'est aussi la structure même de mon existence : une flaque de sang, depuis toujours, accueille mon étouffement. Je lui dis, avec un peu de cruauté, que j'erre dans un labyrinthe de sang.

Je répète cette phrase de plus en plus fort, comme un damné : « J'erre dans un labyrinthe de sang. » J'en suis prisonnier depuis toujours, dis-je, et sans doute n'en sortirai-je jamais. Mon amie me jette un regard de haine, se met à pleurer doucement, et s'enfuit. Je la rattrape sur les bords de la Tamise, on se réconcilie pour quelques heures.

Je commence à m'égarer sérieusement ; il me semble que j'évolue à l'intérieur d'une flamme, comme Ulysse dans l'*Enfer* de Dante ; j'ai perdu tout repère, je circule d'étage en étage, je tourne en rond, monte et descends, j'ouvre des portes, j'avale des comprimés, j'éclate de rire tout seul. Mes ténèbres sont rouges comme un hôtel en feu : le diable n'est pas loin.

Oui, allongé dans cette chambre où la neige entre en rafales, où, en voulant ouvrir la fenêtre, j'ai cassé la vitre, cette nuit, je pense au diable. J'étais pieds nus, me voici avec les pieds en sang. C'est bien lui : dans l'œuvre de Louise Bourgeois, c'est lui le serpent qui s'enroule à l'intérieur du sang. Il est entré dans mon ventre, il parcourt tranquillement mes viscères, il est chez lui partout, cette intuition me désole.

Le sang m'attaque. Je ne survivrai pas. Le vertige s'enroule sur moi comme un tapis de flammes, il va finir par me jeter d'une fenêtre. Je cours jusqu'à notre chambre, où mon amie dort encore. Il est cinq heures du matin. Je fais irruption comme un bouc en furie, et me jette sur elle. Elle est allongée exactement comme dans le Balthus qu'on a vu à la Tate Gallery : le visage de côté, les lèvres closes un peu gonflées par le sommeil, un bras qui déborde du lit en serrant l'oreiller, le corsage ouvert sur un soutien-gorge blanc défait. Sans les étreintes, je me noie dans le sang.

Le retour est chaotique. On prend un train jusqu'à Portsmouth, puis on change deux fois d'autocar, jusqu'à Paris. Le voyage dure quinze heures. La jeune fille s'est assise toute seule, loin de moi, juste derrière le chauffeur. J'ai pris tellement de comprimés que je sombre dans une extase affreuse. Plusieurs fois, je tombe dans le couloir du car ; on me ramasse, on essaie de m'attacher. J'ai honte, mais de toute façon je ne suis plus là : il n'y a personne dans ma tête, la lumière s'est éteinte.

En arrivant à Paris, je suis pris d'une hémorragie si violente que je ne peux pas la cacher. Mon amie comprend la nature de mes saignements. On me sort du bus, on me couche sur un brancard, dans le parking de la porte de Bagnolet. Mon pantalon est trempé de sang : la flaque, maintenant je la transporte avec moi. Le Samu m'amène à l'hôpital Tenon, où l'on intervient en urgence.

J'attends dans un couloir, couché sur une civière, le corps emmailloté de vêtements en papier bleu. Je n'ai

LB 91

rien mangé depuis Londres, c'est-à-dire depuis deux jours. On me pousse dans une salle d'opérations, on va m'endormir. Au moment où l'anesthésiste envoie dans l'intraveineuse le mélange de sédatifs, je suis pris d'un fou rire : la morphine me ravit, je suis enfin heureux.

9

Autoportrait en lecteur de *Saint Julien*

J'ai longtemps lu comme un fou. Je passais toutes mes journées à lire. Rien d'autre n'existait : je n'avais de rapport qu'avec la lecture. J'étais absolument seul, et cet isolement m'ouvrait à tous les livres.

J'ai été le frère du prince Mychkine, le frère du Loup des steppes, le frère de Bartleby, d'Ismaël et du capitaine Achab. Le frère de Joseph K. et de Malte Laurids Brigge — celui de Lord Jim, de Quentin dans Faulkner, celui du narrateur dans Proust. Et puis le frère d'Ulysse, d'Énée, de Maldoror. Le frère de la *Chartreuse* et des *Illuminations.* Celui enfin de centaines de livres, moins glorieux, lus dans un enchantement simple.

Cette orgie de fraternité dura dix ans. Au début, c'était un chemin de stupeur. Chaque révélation m'anéantissait. Je *m'évanouissais* dans mes lectures.

Le chemin des évanouissements est l'autre nom de l'initiation. Les yeux sont ouverts, ils tombent, puis se rouvrent à un monde nouveau : VIE-MORT-VIE. Cette traversée de la mort est celle de la lecture. Lire un livre — le lire vraiment — c'est faire l'expérience d'un réveil.

Je me souviens de la première page des *Chants de Maldoror* lue debout, dans la cour d'un pensionnat, vers quinze ans : un éclair bleu — la foudre. Puis le livre tout entier, chaque soir, à l'étude, éberlué. C'est ma naissance. Un coup de poignard dans la trame des enfantillages. Un rire qui déchire le cours appliqué de ma vie. Une secousse qui m'envoie de l'aide, et ressuscite entièrement mon cerveau déjà mort.

Il y eut ensuite *Moby Dick* et Edgar Allan Poe, les romans de Kafka, une poignée de livres qui m'arrachent à mes fermetures, qui précisent mes émotions, qui m'octroient ma dose de déchirures. La beauté s'accomplit à chaque fois sur fond de détresse. Chaque vertige résume une avancée vers la vraie vie, celle qui vous fait signe depuis les phrases, comme des promesses de voluptés complètes.

Parmi les livres-frères, il y a *La légende de saint Julien l'hospitalier* de Flaubert. C'est le plus beau des textes : chatoyant, luxueux, multicolore, à la fois doux et féroce, comme une histoire d'enfance. Sa densité est fulgurante : trente pages, comme les *Illuminations* de Rimbaud, dont la poésie surgit dans une splendeur voisine.

Julien, c'est le jeune homme absolu, un Hamlet français, un prince aberrant et studieux. Son inconscient se dénude parce qu'il se prépare aux miracles. Son âme est pleine de sang, jusqu'à la grâce. Les ombres lui parlent avec des gestes d'animaux. La lumière l'abrite. Le prodige l'accompagne, avec ses clartés qui font mal.

Julien est entièrement *destiné* ; sa vie est constellée d'annonces. Quelque chose de mauve, comme l'écrin d'un abîme, et de rougeoyant comme les reflets du crime ; quelque chose de majestueux qui glisse au carnage, une richesse étincelante dans le velours cruel des vieux récits ; quelque chose qui pépie, marqué de Dieu, dans des feuillages d'extase — tout cela s'énonce, à chaque phrase, dans le *Saint Julien.*

J'ai lu cinq fois le *Saint Julien.* Sur l'exemplaire de poche que j'ai depuis mes quatorze ans, sont notées, pour chaque lecture, les dates. Il y a des phrases soulignées, par exemple : « Traverser des forêts pleines de rhinocéros », ou : « Pendant l'hiver, il regardait les flocons de neige tomber ou se faisait lire des histoires » ; il y a de petites croix dans la marge, quelques annotations, des références à d'autres livres.

La première fois, c'est en 1983, j'ai seize ans. Je suis enfermé dans un pensionnat militaire, le Prytanée de La Flèche. Pour une raison obscure, on me punit. Je suis privé de sortie tout le week-end. Obligation de pointer en salle d'études l'après-midi, avec une dissertation, que je bâcle en une demi-heure. J'ai apporté un livre, je m'y plonge. Ce sont les *Trois contes,* de Flaubert. *Un cœur simple* me fait un peu bâiller, le perroquet m'enchante, pas la campagne. Puis c'est au tour de *Saint Julien.* Je l'aime immédiatement. J'aime chaque phrase, cette chose immémoriale qui les parcourt, et leur donne tournure de légende. J'aime le château des parents de Julien, « au milieu des bois, sur la pente d'une colline ». J'aime les cérémonies qui scandent le texte, et les réjouissances qui vont avec : « un repas qui dura trois jours et quatre nuits, dans l'illumination des flambeaux, au son des harpes, sur des jonchées de feuillage ». J'aime cette abondance de rouge, de jaune, cette saturation de pierreries qui fait briller la narration de Flaubert jusqu'au vertige.

Qu'y a-t-il dans un livre qui puisse à ce point nous élargir ? Le texte du *Saint Julien* flambe dans ma tête comme un coffret de pirates. Les phrases s'ajustent, elles illuminent mes nerfs. J'ai, pour la première fois, la notion du *texte parfait*. En quelques minutes, je me sens mieux, le Prytanée a disparu, il n'y a plus qu'une fine ligne rouge qui palpite entre des phrases, un filigrane où le spirituel s'allume.

L'histoire de Julien est celle d'une initiation ; je m'initie à elle. Comme lui, je meurs pour renaître. J'entre dans un royaume nouveau : celui des phrases, qui sont, comme dit Flaubert, des aventures. Et de même qu'écrire implique une *manière spéciale de vivre*, lire vous sépare des échanges de convention, et vous confirme dans une solitude qui vous consacre.

Une autre fois, c'est en septembre, dans le jardin d'une maison de campagne, pas loin de Nantes. Je suis auprès d'une jeune femme blonde, frêle et malheureuse — celle avec qui j'étais à Londres. On passe l'été sur des chaises longues, avec des piles de livres. Le ciel est doux, il y a des noisetiers. Deux chevaux nous contemplent derrière la clôture. On entend les détonations des chasseurs, au loin, dans les bois. Cette fin d'été là, je croise une biche apeurée. En lisant *Saint Julien,* je la vois : le grand cerf qui maudit Julien, c'est elle. La jeune blonde aussi passe dans ma lecture : c'est d'abord la princesse, puis elle devient la biche et sera sacrifiée. Julien traverse sa vie dans un sommeil, dont seule le réveille la volupté de tuer. Je comprends cette torpeur. Julien, en fauchant de son épée des coqs, suffoque de plaisir. Sa sexualité le couvre de sang. Il me semble, à l'époque, que je passe mon temps à violer une biche.

Quelque chose m'est donné brutalement par le texte du *Saint Julien.* Je suis invité à des mystères qui ne finiront plus. La lecture, écrit Proust, est l'« initiatrice dont les clefs magiques nous ouvrent au fond de nous-mêmes la porte des demeures où nous n'aurions pas su pénétrer ».

Dans l'instant illimité de la lecture, on est partout et nulle part. C'est une dimension d'effervescence. Les lueurs se multiplient. Les lointains les plus étranges affluent. On a un pied dans la mort, un autre dans la

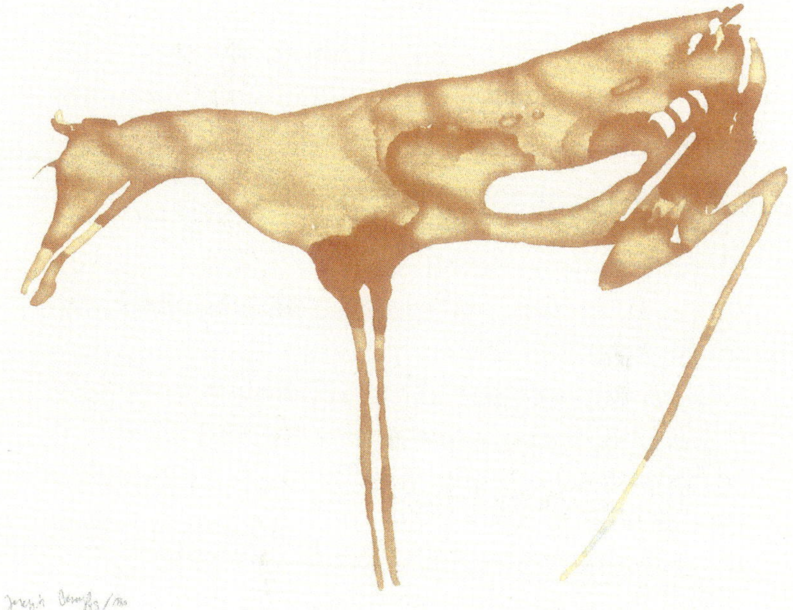

vie. La frontière entre les deux crépite, son savoir vous brûle. La lecture, dit Proust, est « au seuil de la vie spirituelle ». Vous allez passer votre vie sur ce seuil, parfois vous serez invité à le franchir, le temps d'une illumination, et alors tout sera bouleversé, même vos lectures.

Une autre fois, c'est en 1995, pendant la grève des cheminots. Je suis professeur de français dans un collège de banlieue, dans le Val-d'Oise. Les RER n'en finissent pas de s'immobiliser, entre deux gares, dans la neige. Impossible, le soir, de revenir à Paris. Je passe des nuits coincé en banlieue, dans un hôtel pour VRP, au bord d'une autoroute, près de Roissy. La baignoire est si grande qu'elle empiète sur la chambre. Les radiateurs chauffent mal. Je fais couler des bains chauds, je passe mes soirées dans la baignoire, la vapeur me drogue. Il y a une télé accrochée au mur, très haut, en face du lit. Je la regarde depuis la baignoire. Je me laisse abrutir consciencieusement par des films sans auteurs, par des images qui s'oublient. Une nuit, dans la baignoire, je prends le *Saint Julien.* Il est question qu'en classe on étudie des contes. On va faire *La Barbe bleue,* mon conte préféré ; mais j'en cherche un autre : pourquoi pas *Saint Julien.*

J'ouvre le petit volume. Se produit en trois secondes une « translation sur le plan-foudre », comme dirait Artaud. Je lis à toute vitesse. Ma gorge est pleine de joie, comme si je chassais une proie. Je vois toutes les phrases du livre en même temps. Elles entrent, et sortent. Elles courent dans une longue plaine qui semble un corps de femme, ou le dos d'une baleine. La solitude de Julien me parle cette nuit-là au travers d'un langage électrique. Je commence à écrire sous sa dictée, comme si la jouissance de Julien palpitait dans mes veines. Je note des phrases à toute vitesse, sur les pages vierges, à la fin du livre, en essayant de ne pas le mouiller. J'ai la certitude, dans cette baignoire, qu'aucune limite ne s'interposera plus entre mon désir et ma tête. Que le bavardage, les contraintes et la mort ne sont qu'un écran. Il existe des phrases qui crèvent la taie. La respiration est une féerie, elle bouscule l'espace et le temps. Je ris dans une baignoire à deux heures du matin. Je suis devenu cette baignoire, je suis composé d'eau, de rires et de phrases.

Vous connaissez l'histoire. Julien est un jeune seigneur « marqué de Dieu ». À sa naissance, on annonce à son père qu'il aura un destin glorieux et sanguinaire ; et à sa mère qu'il sera un saint. Julien éprouve une passion maladive pour la chasse. Chaque jour, il parcourt la forêt, et massacre des animaux avec une « volupté sauvage et tumultueuse ». Il a soif de carnage, il tue chaque bête qu'il rencontre. Dans une vallée, il tue un jour à l'arbalète une biche et son faon. Le grand cerf aussi est atteint, mais il ne meurt pas et s'avance vers Julien pour le maudire : « Un jour, cœur féroce, tu assassineras ton père et ta mère ! »

À partir de là, il fuit le château familial, de peur d'accomplir, sans le vouloir, la prédiction. Il s'engage dans une troupe d'aventuriers, s'accoutume aux batailles, et se compose une armée. Il secourt le roi de France, le roi d'Angleterre, les templiers de Jérusalem, et se bat dans toutes les régions du monde connu. L'Empereur d'Occitanie lui donne sa fille pour épouse, les noces ont lieu, Julien prend du repos. Il rêve qu'il fait mourir des bêtes, mais il se refuse à reprendre la chasse, « car il lui semblait que du meurtre des animaux dépendait le sort de ses parents ».

Une nuit, la passion est plus forte. Encouragé par sa femme qui le trouve mélancolique, il part chasser dans la forêt, mais les animaux lui échappent, comme s'ils étaient protégés. À son retour, il surprend deux formes humaines dans son lit, il en déduit que sa femme est adultère. Il transperce les deux corps à coups de poignard. Sa femme entre alors dans la chambre, trop tard pour le prévenir : c'étaient les parents de Julien, arrivés de nuit, qui le cherchaient depuis des années, et qu'elle avait installés dans le lit conjugal.

Après l'enterrement, Julien disparaît, et mendie sa vie, portant par le monde le poids de son crime. Il s'installe enfin dans une cabane, au bord d'un fleuve. Le fleuve est dangereux, ses eaux sont violentes, personne n'ose le franchir. Il répare une vieille barque, en devient le passeur. Une nuit, on l'appelle de l'autre bord. Il entend son prénom : « Julien ! » Un lépreux demande à passer, Julien le monte à bord. Tempête pendant la traversée, Julien tient bon. Une fois dans la cabane, Julien nourrit le lépreux, lui donne à boire. Il a froid, Julien lui donne son lit. Le lépreux grelotte, Julien se couche auprès de lui. Le lépreux a encore froid, Julien se déshabille, il étale son corps sur le sien, pour le réchauffer, « bouche contre bouche, poitrine sur poitrine ». Alors le lépreux se met à l'étreindre, une joie extrême descend dans l'âme de Julien, « comme une inondation ». L'étreinte grandit, jusqu'à toucher les murs de la cabane, le toit s'envole, les cieux s'ouvrent, Julien est accueilli, emporté par le souffle du divin, « face à face avec Notre Seigneur Jésus ».

La littérature est une provision de détails qui comblent. Les détails, écrit Nabokov, sont des « étincelles sensuelles ». Un livre sans détails n'agira pas ; non seulement il ne vous réveillera pas, mais il ne pourra pas vous sauver.

Lire, c'est rallumer à chaque instant l'étincelle sensuelle des phrases, et en jouir. Cette jouissance est illimitée. C'est l'élément même de la littérature.

J'aime particulièrement cette étincelle dans le *Saint Julien* : c'est un matin d'hiver, Julien est parti avant le jour, seul, avec une arbalète et un trousseau de flèches ; il s'approche d'un bois, accompagné de ses trois chiens de chasse. Et Flaubert note ceci : « Des gouttes de verglas se collaient à son manteau. »

Ces gouttes n'ont aucune utilité dans la narration : elles s'offrent *en plus*, comme un bijou. À travers elles, c'est la jouissance du texte qui vous salue, sa richesse qui crépite. Les gouttes de verglas sur le manteau de Julien participent de cette orgie de détails qu'est la littérature.

Quelques pages plus loin, lorsque Julien assassine son père et sa mère, ces gouttes ressurgissent : le givre devient du sang. Ses parents sont allongés dans son lit. Ils dorment. Julien bondit sur eux, leur transperce le cœur à coups de poignard ; Flaubert écrit que « des éclaboussures et des flaques de sang s'étalaient au milieu de leur peau blanche, sur les draps du lit, par terre, le long d'un Christ d'ivoire suspendu dans l'alcôve ». La lumière vient d'un vitrail aux reflets écarlates frappé par le soleil, qui éclaire ces « taches rouges ». Flaubert note alors ce détail : « Des gouttes, suintant du matelas, tombaient une à une sur le plancher. »

Plus tard encore, tandis qu'il mendie en se nourrissant de fruits perdus, de racines, de coquillages, et qu'il dort dans la campagne, les « larmes de la rosée tombant par terre lui rappelaient d'autres gouttes d'un poids plus lourd ».

Lire consiste à deviner un monde dans les petites choses ; à suivre ces choses dans les plis d'un récit ; à faire étinceler leur solitude. Lire consiste à distinguer le bruit de gouttes de sang qui tombent sur le plancher — à savoir *écouter des gouttes.*

En 2004, je suis à Varsovie. C'est le printemps. J'écris un roman. Je viens de passer un mois à Berlin, seul,

avec des visions de nuit, et voici qu'en Pologne, je marche toute la journée, six, sept, huit heures, sous un ciel blanc qui m'aveugle. La joie est blanche, elle aussi. Je somnole sur un banc du parc Saski. J'observe le chatoiement dans les arbres, le passage des couleurs, le soleil sur les corps allongés dans l'herbe. Je me raconte des histoires, jusqu'au moment où les phrases se forment dans ma tête. Je les note en sursaut, puis reprends ma promenade. J'ai la sensation d'être au bout du monde, mon espérance est immense.

Le soir, je rentre dans une petite chambre d'ouvrier, rue Dluga, avec des biscuits, du fromage, un pain au lait. J'ai acheté du vin — un bon vin italien qui réveille mon bonheur. Je me couche dans le lit tout habillé. Dans une petite sacoche, il y a mes livres de secours : Rimbaud, Pascal, Lautréamont, et le *Saint Julien.* En quelques minutes, avec le vin d'Ombrie que je bois au goulot, je suis complètement ivre. Je lis les phrases de Flaubert en éclatant de rire, avec une joie qui me les fait entendre d'une façon nouvelle. Je vois se déployer, dans un bruissement sauvage, des féeries de transgressions ; je vois des noces dont la splendeur masque des interdits ; j'entre, phrase après phrase, dans cette zone du sacré où s'accomplissent les sacrifices, où leur mémoire éclaire ce labyrinthe des tabous féminins, où se manifeste celui de la virginité, qui traverse en secret les phrases de Flaubert.

Tandis que je lis, ces phrases prennent des couleurs de pierres précieuses, elles crépitent et dansent, comme dans un kaléidoscope. Un vitrail se compose, écarlate, mauve, vert opale — quelque chose de barbare qui s'affine dans la violence, et prend tournure d'œuvre d'art.

J'ai la tête qui tourne, et lorsque je ferme enfin les yeux, cette nuit-là, un bouc se suicide. Ce bouc me hante. C'est vers le début de *Saint Julien,* lors du premier carnage, au matin. Julien longe un précipice, sur la pointe d'une montagne. À l'extrémité d'un rocher, deux boucs sauvages, dit Flaubert, regardent l'abîme. Julien n'a plus de flèches pour les tirer de loin ; il s'approche en silence, pieds nus, jusqu'au premier des boucs, et enfonce son poignard sous ses côtes, comme il le fera dans le corps de son père. « Le second, écrit Flaubert, pris de terreur, sauta dans le vide. »

La petite chambre de Varsovie tourne dans une ivresse rouge. Dans mon éblouissement, je vois un désert de sang — une immense hémorragie qui s'achève entre les bras du Christ. Ce que Julien, devenu passeur, traverse, c'est la flaque de sang de ses parents. Son parricide, son matricide, seul un dieu peut y voir un dessein. Peut-être s'agit-il d'accéder au dénuement ultime, à la nudité la plus pauvre, à l'extrémité du désarroi *en sautant par-dessus son espèce.* En se coupant, d'une manière impitoyable, de sa parenté, afin que l'absence de pitié s'adresse enfin à soi — à soi seul, sans la protection d'aucun atermoiement.

Personne ne sait pourquoi Julien va si loin. L'élection et la condamnation sont une même chose, qui décrète un isolement sans limites. Le monde de la forêt connaît les démons qui vous jugent, et ceux qui suscitent le salut. Le sujet du *Saint Julien*, c'est le massacre

des innocents. Les innocents, ce sont les animaux. Ce que Flaubert décrit, c'est une hécatombe.

Hirondelles, souris blanche, oisillons, pigeons, lièvres, renards, oies, loutres, halbrans, taureaux, sangliers, loups, lapins, coqs de bruyère, boucs sauvages, grues, castors à museau noir, chevreuils, daims, blaireaux, paons, merles, geais, putois, hérissons, lynx, cerfs, biches, faons — puis plus tard, juste avant l'abomination, un sanglier, des hyènes, un taureau, une fouine, une panthère, un serpent, un choucas, des perroquets, des chats sauvages, des écureuils, des singes : « une infinité de bêtes », dit Flaubert, peuple le texte, grouille et prolifère ; mais cette nouvelle arche de Noé est en fait un charnier.

Dans le monde du *Saint Julien,* il n'y a que des victimes. Toutes les bêtes sont *mises en proie* — et décimées. On appelle cela l'extermination.

Dans le court texte que *La légende dorée* de Jacques de Voragine consacre à la légende de Julien, et où Flaubert trouve l'argument de son récit, la pulsion de mort n'existe pas. C'est Flaubert qui dote Julien d'un appétit de tuer aussi large que l'abîme, c'est lui qui invente son sadisme, qui met en rapport la jouissance et le crime, qui laisse deviner que le plaisir sexuel est de nature criminelle.

L'extermination consiste à faire disparaître intégralement une espèce. Avant d'« embrasser la pauvreté » et de « marcher dans la voie de la sainte simplicité », comme le dit Voragine à propos de saint François, Julien n'est pas seulement pécheur : il occupe la position effroyable de l'exterminateur. C'est-à-dire qu'il contredit Dieu. La Création, il rêve de l'anéantir.

« Sa soif de carnage le reprenait ; les bêtes manquant, il aurait voulu massacrer des hommes », écrit Flaubert, une page avant que Julien n'exécute son père et sa mère, en trépignant, en écumant, « avec des hurlements de bête fauve ».

Le *Saint Julien* de Flaubert est l'un des rares textes de la littérature française, avec ceux du Marquis de Sade, à croiser la question de l'extermination, à affronter le vertige d'une gratuité méthodique du mal.

Ainsi sa hantise des espèces, et sa volupté à supprimer la parenté (comme lors du massacre des cerfs, où il prend soin d'éliminer *une famille*), amène Julien à se croire un contre-Dieu, un Dieu en méchanceté, qui concurrencerait la Création : « Quelquefois, dans un rêve, il se voyait comme notre père Adam au milieu du Paradis, entre toutes les bêtes ; en allongeant le bras, il les faisait mourir ; ou bien, elles défilaient, deux à deux, par rang de taille, depuis les éléphants et les lions jusqu'aux hermines et aux canards, comme le jour qu'elles entrèrent dans l'arche de Noé. »

L'exterminateur se voit comme le premier homme, il est un Adam soustracteur. La nomination de chaque animal s'accompagne du geste qui le liquide. Celui d'allonger le bras, comme Adam dans la fresque de Michel-Ange, est férocement subverti en facilité à disposer des vies. Le doigt de Dieu fait naître, celui de l'exterminateur appuie sur la détente.

Qu'est-ce que Julien profane en chassant ? La Création, c'est-à-dire la mère. Julien tue ses deux parents, mais l'élément dans lequel il évolue depuis le début est celui du matricide. Ce qu'il désire, c'est rendre impossible la naissance. N'est-il pas né par la grâce d'une prière plutôt que par celle d'une union ? « À force de prier Dieu, il lui vint un fils », écrit Flaubert à propos de la mère de Julien. N'est-il pas *venu* par la parole ? N'est-il pas *élu,* c'est-à-dire mis au monde par un appel, plutôt qu'engendré ? N'est-il pas destiné, dès l'origine, à se soustraire à l'amalgame des liens ?

Tout l'écarte des bras de sa mère, à commencer par le sang qu'il prend soin de mettre entre les créatures et lui. Il y en a qui disent que Julien ressemble à Œdipe, à cause du meurtre involontaire de ses parents. Rien de commun : Julien est mû depuis le début par le crime, contrairement à Œdipe qui tue par hasard.

L'inconnu qui, en Julien, jouit des hécatombes, est aussi ce qui le détourne de la voie publique — c'est ce qui fait de lui un anti-Œdipe. Julien ne sera jamais roi, c'est un être du refus. À la cité, au château, à la loi, à la descendance, il préfère la jouissance célibataire de la forêt. Julien n'a pas de rapport avec les humains ; il n'en a pas le goût. Même sa femme ne peut rien pour lui. Au fond, les animaux qu'il tue sont sa seule compagnie. Avoir un rapport, pour Julien, consiste à tuer.

La radicalité du saint lui vient de la violence qui l'a mis au ban des hommes. Ainsi de Julien, que la passion criminelle écarte de toute sociabilité, et amène, en toute logique, à rompre, de la manière la plus intempestive qui soit, avec la convention des attaches : à être *maudit.*

La dernière fois, c'est l'été, en Italie. J'ai repris le *Saint Julien* pour le plaisir. Le soleil de Toscane est dur le matin. Je ne sors qu'en fin d'après-midi. Je profite de la fraîcheur sur le balcon de la petite maison, où je lis Flaubert à l'ombre. À l'époque où il écrit les *Trois contes,* il signe ses lettres « St Polycarpe » ou « Le Dernier des Pères de l'Église », et lit les *Fioretti* de saint François d'Assise : « Si je continue, j'aurai ma place parmi les Lumières de l'Église. Je serai une des colonnes du temple. Après saint Antoine, saint Julien, et ensuite saint Jean-Baptiste, je ne sors pas des saints. »

Comme à chaque lecture, je suis sensible à l'énergie féerique du texte, à son « émeute de détails », comme dirait Baudelaire. Mais cette fois-ci, c'est la sainteté de Julien qui me parle. Pas son éventuelle vertu, mais son caractère sacrificiel. Julien ne cesse d'offrir des sacrifices — d'abord celui des animaux, puis le sien ; mais en ne les vouant à aucun dieu, il les laisse approfondir cette béance qui, en lui, appelle le sang, sans jamais être comblée.

Julien s'engage dans une troupe d'aventuriers pour être de toutes les batailles : il ne se protège ni du feu, ni des armes, ni de la résine bouillante ou du plomb fondu qu'on fait ruisseler des créneaux, aux murs des citadelles. Il a beau livrer son corps aux occasions de mourir, rien n'y fait : il ne meurt pas. Quelque chose en lui échappe à la lame des tueurs, aux bourreaux, aux accidents.

Un homme qui s'expose ainsi au meurtre sans atteindre la mort se rapproche de la solitude épuisante de Dieu ; quelque chose de divin, comme l'envers d'une punition, le traverse ; sa vie ne lui appartient plus : l'air qu'il respire est celui du sacré.

« *Sacer* », dans le droit romain, signifie à la fois saint et maudit : c'est le cas de Julien, que le cerf maudit trois fois. *Homo sacer* est celui qui échappe à la loi commune : si on le tue, on n'est pas homicide, mais il n'est pas permis de le sacrifier selon les rites — il doit rester insacrifiable.

Personne n'est plus offert à la possibilité de sa propre mort que Julien : sa vie est infiniment exposée au meurtre ; il n'existe qu'à travers le fait d'être tuable.

L'*insacrifiable* est celui qui, par excellence, habite le lieu du sacrifice. Il y est exposé à chaque instant ; son supplice est ce qui l'excepte. Dans son corps, à chaque instant, se rejouent la mise à mort et sa conjuration : à la fois mort et en vie — *capturé dans l'intervalle* —, il vit de la vie sans parole des initiés.

Je suis sur le balcon de la petite maison, je vois l'intervalle. La lumière se répand dans le ciel, blanche et bleue. Elle ouvre les montagnes des Alpi Apuane, puis sa douceur monte, bleu-rose, vers la mer.

J'écris ce texte dans les marges du *Saint Julien.* Je viens de le relire d'une traite. Je rédige ces notes sur les dernières pages vierges du volume. Sensation d'écrire dans le filigrane même du *Saint Julien* ; d'évoluer dans un univers rempli d'annonciations.

Car ce qui a lieu dans les phrases relève de cette vie qui vous apparaît dans une liturgie personnelle. « Être un saint à l'intérieur de soi-même », dit Baudelaire : cela s'accomplit dans l'enroulement des phrases sur elles-mêmes. Vous voici, une fin d'après-midi toscan, au cœur d'un phylactère.

Julien est entré dans la *vie sacrée* — dans cet intervalle entre vie et mort, qui est son vrai château, à la fois son peuple et sa solitude, son royaume, son avenir, sa clarté, mais aussi le lieu de son supplice.

Ça a lieu dans les phrases à l'instant de leur surgissement. Une voix monte avec elles vers le papier, et les consacre. La vie sacrée est l'élément qui anime le langage : sa dimension intérieure. La part du sacrificiel accompagne la métamorphose ; et donne sa signification à la vie devenue écriture.

Est-ce que ça s'ouvre là ? Est-ce le lieu ? Une chose s'enroule sur elle-même, et meurt à l'intérieur des phrases, pour renaître. À l'instant où les phrases viennent, on ne sait pas si elles s'accomplissent selon le rite, ou si le rite s'accomplit selon elles. Des phrases transportent ce qui s'ouvre, et ce qui s'ouvre transporte des phrases.

Le chemin qui mène aux phrases est aussi le point où elles s'accomplissent. Je suis partout à la fois maintenant : dans une salle d'études au Prytanée, sur la chaise longue d'une maison de campagne, dans la baignoire d'un hôtel de banlieue, dans une chambre à Varsovie, sur ce balcon, d'où l'on voit la mer Tyrrhénienne. Au fur et à mesure des phrases, l'intervalle s'élargit. J'y habite — ou plutôt c'est lui qui m'habite : en un sens, je n'ai jamais habité ailleurs.

Le pays de naissance n'a pas d'importance ; dans le monde du sacré, les nations n'existent pas. Il n'y a qu'un seul pays, celui qui déjoue les appartenances : ce territoire enchanté, noble et terrible, qui prend la forme d'un éclair, d'un vertige, d'un paragraphe, et vous ouvre à la dimension intérieure du langage. C'est l'*autre pays.* Son existence ne dépend pas du hasard.

10

Vénus

J'écris ce livre sous un tableau de Cy Twombly. On peut le voir à Avignon, dans la collection d'Yvon Lambert. Une femme — la jeune Étrusque —, m'en a offert une grande reproduction, que j'ai accrochée au-dessus de ma table de travail : elle veille sur ce que j'écris.

J'ignore ce que ça représente : on dirait une boule de feu, un arbre, une fleur, un buisson. C'est du rouge qui bourgeonne à grands traits hirsutes : une chevelure de sang qui se déchaîne, un noyau de flammes écarlates, des pétales coloriés comme une touffe de joie, une hémorragie.

C'est aussi un feuillage bruissant de prophéties, un diamant couronné de rouge à lèvres, un brasier de voix qui surgissent depuis leurs nerfs.

Et puis c'est le cœur de mon expérience, et le centre vibrant de ce livre : ce que j'aime, pense, écris depuis dix ans tourne autour de cette énigme.

Ce tableau m'inspire et me protège. J'y vois une tête qui me regarde, celle de la déesse de l'amour, dont le nom signe la toile. Elle vous apparaît sous la forme d'une corolle enflammée de pétales rouges ; et rejoue sa naissance là, devant vous, d'une manière sauvage : son éveil éclaire votre abîme.

C'est pour moi la *déesse des phrases*, cette voix féminine que j'entends sur la page, qui accompagne intimement chaque mot que je trace.

Il m'est arrivé de reconnaître dans le tableau de Twombly une de mes épiphanies, comme si l'éclair s'était fixé sur le papier, et que, d'une manière un peu monstrueuse, la vision avait pris forme. J'aime bien penser qu'elle n'a pas eu le temps de se déployer complètement, et que le tableau n'est pas fini : dans sa partie inférieure, une bande est restée blanche, il y a même un peu de sang qui a coulé. Mais du coup, on accède au nom qui aurait dû rester secret, ce nom que le rouge aurait dû recouvrir, et qui se déchiffre comme un filigrane à traits gommés :

VÉNUS

Alors je consulte Vénus, comme les Grecs interrogeaient l'oracle. Lorsque je lève la tête, ma solitude aussitôt affiche sa vérité : le Twombly est sa représentation occulte. Je sais tout de suite si le rouge est en gloire, ou s'il trempe dans son cauchemar ; je sais si mes phrases vont se noyer dans la flaque de sang de la Barbe bleue, ou si elles baigneront dans les rougeoiements propices de l'érotisme.

C'est pourquoi j'écris toutes les phrases de ce livre en même temps : je veux prendre de vitesse le monstre qui sommeille. Les phrases s'allument, comme un jeu de féeries, tandis que je passe d'un chapitre à l'autre. Je vais de plus en plus vite, si bien que certains jours, j'ai à la fois dix ans, seize ans, et quarante ans : tous les âges débordent les uns sur les autres, mon enfance se mélange à ma vie actuelle.

Quoi de plus érotique qu'un buisson ? Lorsque j'ai eu cette révélation des mots, vers douze ans, en Alsace, c'est le mot « buisson » qui m'a comblé. Le mot « fente », aussi. Ils avaient tous les deux quelque chose de sexuel : ils désignaient le sexe féminin.

Certains sorciers du Mali portent un masque d'ébène sur lequel un morceau de cuir noir est piqué d'une tresse ovale de fils rouges ; ils sont allés chez les morts, et en reviennent avec des paroles étranges. Ces paroles vous indiquent une rédemption. Quelqu'un a dit que la rédemption n'est pas une récompense pour l'existence, mais sa seule issue. Silence : la grande chose rouge à laquelle s'accordent mes phrases monte ainsi dans la pensée ; c'est elle qui m'ouvre ou me ferme les portes.

Ce soir, en regardant le Twombly, je dis que la couleur de l'exorcisme est le rouge, et que le bonheur traverse le sang. Les saignements d'entrailles traînent encore un peu là, en bas du tableau, comme le souvenir de ma hantise ; mais lorsque le rouge me parle, il m'indique avant tout des richesses, et la direction pour ne pas mourir.

Je cherche un lieu. Ce lieu n'existe pas dans l'espace ; il s'ouvre par la parole, et se met à vivre à l'intérieur des phrases qui me viennent. Chaque expérience m'accorde à la naissance de la poésie, à cette chance qui a lieu maintenant dans mon corps, et qui commence à prendre pour moi figure de destin.

La nuit, en écrivant, je vois le feu : le sang qui éclabousse le Twombly se met à cuire ; les gouttes, en bouillonnant, forment ces lettres noires qui composent le nom de la déesse. Ça s'écrit du rouge vers le noir : c'est ainsi qu'a lieu la naissance de Vénus.

Chaque phrase qui s'écrit rejoue la scène. Le désir d'écrire déclenche la « douce écume » de Vénus : son feu intime inonde le sang qui se change en encre. N'avez-vous jamais senti que les phrases sont gorgées de cyprine ?

Une nuit, j'ai entendu cette phrase : « Le nom de ton âme est sang, encre le nom de ton esprit. » Elle s'est faufilée jusqu'à mon oreille, où elle continue à murmurer ses secrets.

C'est à travers le nom de la déesse qu'a lieu pour moi l'opération d'écrire. La métamorphose du sang en encre est possible grâce au désir. Écrire, c'est réveiller le nom de Vénus.

C'est pourquoi l'écriture est l'autre nom de l'érotisme. Chaque phrase, quelle que soit sa violence, baigne dans cette « douceur du désir », que chante l'*Hymne homérique* pour Aphrodite.

La déesse est « toujours couronnée », ainsi ce passage du sang à l'encre qui se produit à travers son nom ouvre-t-il un royaume où vous respirez.

C'est ainsi qu'on reprend vie, en écrivant des phrases, et que l'obstacle prend feu. On surmonte sa flaque de sang, on traverse sa propre mort. Le supplice se change en faveur. Une parole s'enclenche, elle vous illumine, et vous indique le chemin d'une existence nouvelle.

11

Jean Deichel

J'écris ce livre entre onze heures et quatre heures du matin. Je vais toujours chercher mes livres dans la nuit : *Cercle* et *Jan Karski* sont nés comme ça, dans cet instant désert, lorsque la solitude s'adresse à elle-même. Alors, il n'y a plus d'obstacle : rien que les phrases qui luttent pour exister.

Chaque fois que j'écris un livre, lorsqu'il commence à basculer dans une forme qui semble probable, je vais m'isoler quelques semaines. Parfois, comme pour *Jan Karski*, les difficultés se multiplient, le point de clarté n'arrive pas, c'est la tempête jusqu'au bout : seule la dernière page me délivre. Mais la plupart du temps, le livre tourne assez vite sur lui même, ses phrases s'éclaircissent, il se met à naître.

Je prends alors le TGV pour Strasbourg, puis un petit train de campagne jusqu'à Diemeringen. Il faut marcher encore un peu, et longer la forêt, jusqu'à la maison. C'est dans une vallée, en Alsace, à une vingtaine de kilomètres de l'Allemagne. Il y a des oiseaux, des sapins, un pré en pente douce ; il y a une carrière de grès rose à l'abandon, un moulin, et une rivière, qui s'appelle l'Eichel.

Je ne vois personne, je ne prononce aucun mot. Mon corps se vide lentement de toute rencontre. Au bout de trois jours, le silence et le corps se confondent : une autre vie commence, loin du trafic et de la lutte. Cette vie vous procure un corps nouveau : vous n'êtes plus que nuances ; vous respirez dans un calme où glissent des lueurs.

C'est ainsi qu'on se dégage. On flotte, on est *séparé*. Il existe, au cœur de la solitude, une royauté secrète. Seuls comptent la bonne solitude et cet ajustement de clartés par lequel le temps se rend disponible. Un lit, une table, et la lumière. Pas de rendez-vous, pas d'emploi du temps.

J'ai disposé mes cahiers sur le petit bureau. J'attends, je ne fais rien : je suis là, dans le vide. Une spiritualité bizarre éclaire ce vide. Des forces tournent sur elles-mêmes ; les démons décident du sort de la journée. Lorsque ça s'ouvre, j'entends les arbres. C'est alors que les phrases viennent. Joseph Conrad a parlé des « régions sereines de la fiction ». Un récit se déclenche à la faveur de l'écart ; il a besoin de calme et de couleurs. Les phrases naissent ainsi, chaque année, en juin.

Je mange à n'importe quelle heure, sans y penser. Je lis, j'écris un peu, j'arrose les plantes, je fais du vélo dans les collines, je dors. Tout semble s'éloigner dans une distance heureuse. L'espace est libre pour le temps qui joue.

Les matins ici existent bien : ils sont bleu sec. Les après-midi tièdes et verts. Après le soleil, les soirs glissent dans un enroulement de lectures. Je pense à la jeune Étrusque. On s'est donné un rendez-vous invisible. C'est à vingt heures. Chaque soir, à vingt heures, on pense l'un à l'autre. Cette pensée n'a pas de limites. C'est ma prière amoureuse.

On évolue ainsi dans un univers de rituel. La maison est un ancien relais de chasse. Des renards circulent la nuit le long des sapins. Une année, au détour d'un chemin de forêt, je croise un sanglier. Les sangliers sont des solitaires, ils rompent avec la meute, et errent dans la chênaie. On se fige, on s'observe, tous les deux hirsutes, crottés de boue. Sa densité de boule noirâtre est une déclaration d'étrangeté. On est suspendus, trois secondes, quatre, un abîme — puis il reprend sa route.

Le soir, lorsque j'ai fermé les portes, vérifié les fenêtres et tiré les rideaux, les pensées se mettent à exister en lisière. Elles se frayent un chemin qui réveille les métamorphoses. Des mouvements silencieux filent dans la maison ; la densité nocturne les relaye : ils sont plus inquiétants.

Vous êtes lancé dans la nuit, les phrases arrivent toutes seules. Le frémissement du sacrificiel s'est établi discrètement. Chaque mot ajuste les ombres. Vous sentez, derrière la vitre, la fraîcheur des sapins, des saules et des bouleaux qui glisse vers un point d'oubli.

Et puis, il y a les oiseaux. On m'a demandé de les nourrir. Il y a des mangeoires installées sur les branches des grands pins. Je lance aussi des poignées de graines au hasard. Une fin d'après-midi, le soleil a élargi la vallée, la lumière est douce. Je m'allonge dans l'herbe. Une poudre légère flotte dans l'air. Je ferme les yeux. C'est rouge, ça clignote. Je suis jeune, vieux, hilare, sombre, léger, studieux, sauvage, rapide, lent.

Au réveil, il y a des oiseaux partout. Des mésanges, des moineaux, des tourterelles. Ils sautillent, et picorent. Du gris-jaune miroite un peu dans l'herbe, avec du bleu. Des plumes volettent, comme des morceaux de nacre. Je ne bouge pas. Je retiens ma respiration. Une mésange approche, elle frôle ma main. Il est vingt heures. Vingt heures pile. Un vers de Rilke fuse dans ma tête : *« L'oiseau, comme s'il était l'âme d'une Étrusque. »*

Un été, il pleuvait. Le livre que j'écrivais semblait devenir fou. Je m'en méfiais. En même temps, je sentais qu'il était nécessaire de le finir, afin qu'il emporte avec lui son poison. Je me disais : écris-le jusqu'au bout, puis donne-le aux flammes — ce n'était pas la première fois que je brûlais un manuscrit.

J'écrivis toute la nuit la fin de ce livre malade. De temps en temps, je regardais par la fenêtre la rivière, qui semblait agitée. Au matin, il pleuvait toujours, et l'Eichel avait débordé. Je glissai le manuscrit dans un sac, j'enfilai des bottes en caoutchouc, un k-way, et me dirigeai vers les bois.

Je marchai plus d'une heure avec mon manuscrit sous le bras. Derrière la scierie de Waldhambach, il y a une carrière, puis des forêts de sapins. J'ai traversé la voie ferrée, puis j'ai commencé à longer l'Eichel : elle serpente dans la vallée, longtemps, en direction de l'Allemagne.

Au creux d'un taillis bordé de châtaigniers, un massif rocheux s'ouvre, comme une clairière humide. L'Eichel prend sa source là, elle suinte le long de la pierre : juste une rigole, mais elle s'élargit en petites flaques, avant de s'épanouir lentement pour former un ruisseau.

Je suis assis sur l'un des rochers à l'entrée de la source. J'ai les pieds dans l'eau. Il continue de pleuvoir. Je suis penché sur l'Eichel, le dos courbé, la capuche sur la tête, comme un moine. La pluie s'est arrêtée. La fraîcheur vous transmet son éclaircie, elle vous indique une joie possible. J'ai disposé les pages du manuscrit devant moi, et j'y ai mis le feu.

Chaque page, en se consumant, en enflamme une autre. Je regarde ce papier, cette encre, ces nuits d'écriture disparaître à travers des volutes orange et bleutées. Une voix crépite au cœur du feu, comme si la rivière chantait : on dirait les « voix fraîches des nymphes » qui accompagnent Nausicaa lorsqu'elle va laver le « linge moiré », sur la plage, dans l'*Odyssée*.

Ce matin-là, j'ai pensé : si l'Eichel se jette dans un fleuve, ce sera celui du langage ; j'ai imaginé un grand fleuve qui serait la mémoire de la littérature.

Si je trouve les phrases qui me mettent en rapport avec la source de l'Eichel, si j'en trouve l'accès, alors je deviendrai moi-même rivière, fleuve, océan : mes phrases couleront, légères, et entreront dans le temps — elles feront partie de la *mémoire du temps*.

Il fallait que je m'incorpore un peu de cette source. J'ai pensé à son nom : l'Eichel. Celui qui vient de l'Eichel, comment pourrait-on l'appeler ? À voix haute, j'ai dit : Deichel — Jean Deichel. C'est devenu mon nom de phrases, le nom du narrateur de chacun de mes livres.

Un sacrifice devient un baptême : c'est l'opération même de l'écriture. C'est aussi ma chance. J'ai maintenant un corps de phrases.

12

Palatino

C'est dans le Palatino, le train de nuit pour l'Italie. Je viens de rencontrer la jeune Étrusque, elle est italienne, et habite Florence ; je vais la rejoindre pour la première fois. Je suis fébrile, impatient, joyeux. J'ai réservé l'une des couchettes du haut, je ne dors pas. Les remous sont incessants, l'atmosphère étouffante ; mais surtout, il me plaît de rester éveillé, afin de jouir de chaque instant qui me rapproche d'elle.

J'ai apporté le livre qu'elle m'a offert : *Les impardonnables,* de Cristina Campo. Vers vingt-deux heures, les autres passagers se sont endormis, la lumière du wagon est éteinte, j'ai allumé la petite lampe et ouvert le livre. C'est l'hiver, il fait un peu froid dans le train, je suis enveloppé dans mon manteau ; et en tendant le livre au-dessus de mon visage, je souris, car le geste me rappelle celui des gisants de la basilique de Saint-Denis, que j'ai visitée récemment avec la jeune Étrusque.

Le marque-page que j'ai glissé dans *Les impardonnables* est une carte postale qui reproduit la Vénus de Twombly. Je le fixe longuement cette nuit-là : je lis Cristina Campo, je regarde la Vénus, je pense à la jeune Étrusque. Les phrases, le buisson rouge, le visage de mon amie, tout se mélange, comme dans une étreinte.

Dans le livre de Cristina Campo, je relis plusieurs fois cet épisode de la révolte des Boxers, où des Chinois sont promis à l'échafaud. Dans la file, en attendant leur tour, certains en viennent aux mains ; d'autres se révoltent, et lancent des pierres aux gardes allemands ; la plupart contemplent leurs bourreaux sans un mot. Et puis il y en a un qui lit un livre. Lorsque vient son tour d'être exécuté, l'officier qui dirige les opérations, intrigué par son attitude, l'interroge. La déclaration du Chinois résonne cette nuit dans mon wagon-lit : « Je sais que chaque ligne lue est profitable. »

Moi, chaque ligne me rapproche de la femme que j'aime. Je découvre que les phrases, celles que je lis, mais aussi celles que je tente d'écrire, sont liées à l'amour : elles m'acheminent vers une parole qui, en s'écrivant sous le signe de Vénus, coïncide avec ma chance.

Car cette nuit-là, je ne vais pas seulement en Italie : je m'éloigne enfin de mon vieux labyrinthe, je fais peau neuve. De Paris à Florence, en train de nuit, il faut douze heures ; ces douze heures, je les vis comme une métamorphose, comme une nouvelle naissance.

Je souligne des dizaines de phrases des *Impardonnables* avec un crayon de couleur rouge. Les phrases soulignées forment un livre dans le livre, une sorte de récit que je parcours en accéléré, un trésor dans lequel je pioche avec gratitude : ces phrases me sont aussi familières que si je les avais écrites. Elles pourraient directement sortir de mes veines : le sang se changerait en encre, et inscrirait sur le papier ses lignes de bruyère mauve.

Vers trois heures du matin, je découvre cette phrase de Cristina Campo : « Comment rejoindre l'impossible, si ce n'est précisément à travers l'impossible ? » Voici qu'elle évoque des aventures parfaites, un royaume d'emblèmes, des noix qui renferment des carrosses, des mouchoirs qui étanchent les océans, une moisson de grâce, un chant nonpareil. Une illumination court à travers chaque page, avec cette noblesse extatique qui rend possible la magie.

Puis elle décrit cet instant miraculeux où cesse le sortilège, où les murailles se révèlent transparentes, et l'infortune une joie intarissable : « Les épouses de Barbe-bleue — écrit-elle —, face livide, surgissent de leur mare de sang. » La phrase agit sur moi comme une secousse heureuse : en parlant de délivrance, elle me confirme que la mienne est en bonne voie.

Allongé sur ma couchette, je suis comblé : une voix nouvelle me parle, elle me dit que mes cauchemars ont une fin. J'accède à ce que Cristina Campo appelle des « annonciations voilées » : dans ma joie d'amoureux, je vois le visage de l'Étrusque se rapprocher ; non seulement j'y perçois des nuances qui m'étaient inconnues, mais je devine leur avenir.

Le visage de la jeune Étrusque et celui de Cristina Campo coïncident : ils ont cette blancheur altière, légèrement rosée, du brouillard qui le soir, et même en été, tombe sur Florence, afin d'en protéger la noblesse. Quelque chose de suave et de pensif : une

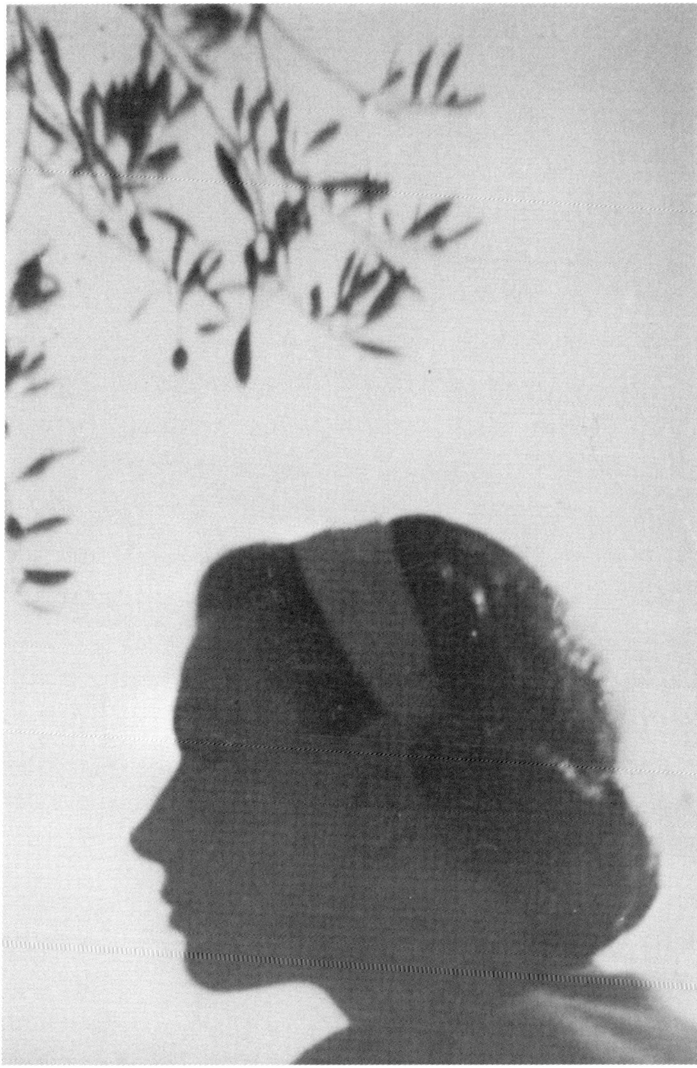

douceur de princesse irréductible, dont la délicatesse vient de l'enfance.

J'écris depuis quelques mois un livre qui s'appelle *Cercle.* J'ai tout arrêté pour m'y consacrer entièrement. J'enseignais depuis plus de quinze ans dans des collèges et des lycées en banlieue parisienne ; c'est fini. Un matin, je suis allé, comme d'habitude, prendre mon RER, et lorsqu'il est arrivé à quai, je ne suis pas monté. Les contraintes que je supportais depuis si longtemps me sont devenues d'un seul coup insupportables. J'ai éclaté de rire, et ce rire s'est élargi à toute mon existence. Je suis rentré chez moi, je me suis recouché. Toute la journée, j'ai écouté des disques, allongé, en fumant des cigarettes : l'album *Piano solo* de Thelonious Monk, et puis les Tindersticks, puis *King Arthur* de Purcell, puis Sonic Youth, en boucle, jusqu'au soir. Je continuais à rire, et ce rire me disait que je n'y retournerais plus, que chacune de mes journées serait comme celle-ci : libre, et ouverte.

Cette nuit, dans le train, je pense à la figure d'un labyrinthe étrusque. On peut le voir à Volterra, en Toscane. Je le dessine pour m'amuser. Je m'en souviens très bien, parce que je l'ai recopié déjà plusieurs fois sur mes cahiers : il est formé d'une spirale dont le centre est un visage qui sourit.

Ce sourire, je le reconnais : c'est la jeune Étrusque. Au cœur du labyrinthe, à la place du monstre qui depuis toujours veut ma mort, il y a une femme qui me sourit.

Je décide que *Cercle* s'écrira sous ce signe. Je le ferai imprimer sur la couverture, comme un blason. Il manifestera l'éternel retour des phrases, mais aussi la figure de l'amour.

13

L'instant du néant

Au début, c'est la stupéfaction. Ce type, là, vous semble étranger ; et en même temps son étrangeté vous paraît proche. Il ne vous plaît pas beaucoup — on dirait une tête de mort. Juste avant d'ouvrir le courrier où il y avait cette photographie, vous veniez de lire une phrase de Walter Benjamin : « Dans les détours de l'Histoire, toujours se promène une tête de mort. » Vous vous dites : voilà, toujours je promène avec moi ma tête de mort. Mais cette tête, c'est la vôtre : impossible de la rejeter.

Puis on passe à la curiosité. Si votre tête ne vous plaît pas, c'est parce que l'image qu'elle renvoie de vous déjoue vos petites combines de séduction. Vous n'avez pas eu le temps de contrôler vos lignes. D'habitude, pour que le charme opère, vous avez recours à tout un cinéma intime : il suffit d'un sourire étudié, d'un écart de profil, d'une expression particulière des sourcils, et le visage se compose des traits avantageux. Vous offrez alors le visage qui répond à l'idée que vous avez de vous-même, et par lequel votre narcissisme trouve sa ressource. Mais ce visage, la photographie que vous venez de recevoir le met à mal. Vous avez été pris au dépourvu, la mise en scène n'a pas fonctionné.

Ce qui vous surprend, ce n'est pas l'air effaré de ce visage, mais, à travers lui, *la défaite du charme*. Ce qui vous semble inquiétant, même si vous le saviez, c'est qu'il soit possible que ce charme tombe — qu'il s'aplatisse sous la pression de l'instant.

Mais voilà, ce visage vous intéresse. Et même, il vous intéresse beaucoup plus que celui qui vient se refléter quotidiennement, avec ses réussites et ses ratés, dans le miroir de la salle de bains. Parce qu'il est dépossédé de son équilibre ? Pas seulement. Après tout, dans la glace du matin, on n'a pas tous les jours l'air d'un vainqueur ; et puis le visage a du mal à rayonner dans la solitude du miroir, il ne commence à s'éclaircir, à mobiliser de la lumière, qu'en croisant un autre visage. Donc il y a autre chose : si ce visage vous captive, c'est parce que les zones où il se meut ne vous sont pas complètement lointaines. Quelque chose, dans ce grain cendré de l'image, vous rappelle des instants d'écriture, un territoire de solitude, la nuit, entre illumination et retombée.

C'est un flash : couloir blafard où le noir et blanc vient d'absorber la dose de couleurs qui vous a ravi, seuls les yeux encore crépitent, mais la bouche commence déjà à s'évanouir vers la maigreur de son trait. Bien sûr que vous connaissez cet instant ; il survient dans l'égarement, au fil des nuits blanches, quand vous livrez bataille à de bizarres démons pour que s'ouvre le passage qui libère les phrases.

Ce sont des « assauts immobiles ». L'expression est de Franz Kafka. Il y a de la neige soudain sur la table où vous écrivez. Le monde vient se tordre dans sa poussière blanche. Un vent de fleuve tourne dans les coins. Votre chaise est pleine de sang qui s'ouvre, comme la mer aux Hébreux, puis ça se concentre sans vous, vous n'avez plus qu'une main et une bouche qui attrapent l'instant.

La distance entre le trou de la bouche et celui qui appelle les yeux s'ajuste à la simplicité de l'expérience qui les saisit. La bouche et les yeux mangent leur ombre, un trou se forme, ainsi viennent les phrases.

Alors oui, vous reconnaissez cette image : c'est la tête qui revient de son extase, encore pétrifiée par la vision, pupilles dilatées par la secousse. Le visage gris d'ombres, extorqué à l'anthracite, au bord d'être éteint, secoué par une vision qui s'achève, tout entière répercutée dans le pli béant de la bouche. D'habitude, personne ne voit ça, même pas vous, même si vos phrases vous renvoient secrètement ce visage de ténèbres errantes.

Et surtout, ça vous saute aux yeux maintenant, sur la photo vous n'avez plus de visage. Ou plutôt votre visage a fait surgir autre chose que lui-même. Ce qui surgit dans ce portrait, c'est une tête. Il y a des instants où la tête vient à la place du visage, des instants où quelque chose du visage se distend et s'arrache à lui-même, qui rend possible l'apparition bizarre de la tête. C'est déjà arrivé, ça arrive souvent, mais quelle tête vous aviez lorsque cette tête arrive, impossible que vous le sachiez : le moment où la tête surgit du visage est sans témoin.

On est loin maintenant de l'examen narcissique : impossible de savoir si on est « bien » sur cette photo, ou si c'est plutôt la photo qui est « bien ». On ne se dit plus qu'on a l'air ceci ou cela, on ne se met plus à la place de ceux qui vous connaissent, de ceux qui ne vous connaissent pas, on ne fait plus la pesée des regards, ce qu'ils verront dans ce portrait, ce qu'ils ne verront pas — la comédie est dérisoire.

Bien sûr, il y a encore le soupçon que le photographe en rajoute dans le sinistre ; s'il aime effacer les visages, disloquer les lignes, couler les corps dans des flaques d'intensité, c'est sûrement parce qu'il cherche le monstre. D'où ces surfaces crues, cette manière d'accuser les crevasses et de tailler les chairs en une pâte livide.

Vous ne l'appréciez pas beaucoup, cette esthétique au goût du jour, où la sale gueule est de mise, et où, sous couvert de faire trembler la statuaire, les visages sont passés à la destruction. Dans ces clichés, la densité vitreuse est celle de l'enfer, les corps tiennent par la torpeur. Celui qui veut obtenir en toute chose la laideur ignore qu'il est sous emprise.

Et puis vous les connaissez, les petites manigances des photographes, leur prétention à vous faire « sortir de vous-même », à faire « venir l'esprit », à « provoquer quelque chose ». Ils croient qu'ils vont vous *révéler*.

C'est une croyance comme une autre. Eux aussi, ils ont leur comédie, et lui, Roller, dans le genre halluciné du déclic, vous l'avez trouvé particulièrement fanatique, ça vous a plu. Un peu sorcier, cherchant des scalps. Très calme, et soudain terrible. L'affrontement a eu lieu, invisible, passif. Ça s'appelle un échange de sorcellerie.

Vous vous dites qu'en effet il s'est « passé quelque chose », ou plutôt que le photographe a capté le passage de quelque chose. Bien sûr, le résultat brusque un peu votre imagerie habituelle. Mais la susceptibilité s'irrite vite lorsqu'il s'agit de son « image » ; on n'en finit plus de pinailler anxieusement face à son portrait ; la coquetterie devient douteuse ; on en arrive à ce point où, si l'on décide de ne plus y penser, on ne pense plus qu'à ça.

C'est vrai qu'Olivier Roller a arraché votre visage à ses réflexes. Ça donne une tête. Et vous savez très bien ce qui agite cet *instant de tête.* Car sans qu'il s'agisse à vos yeux d'une révélation, ce que montre le portrait, c'est un instant qui existe au cœur de ce labyrinthe qui n'appartient qu'à vous, par-delà les parades de la reconnaissance et les postures du corps qui désire être aimé. Ce labyrinthe où ont lieu vos expériences, la

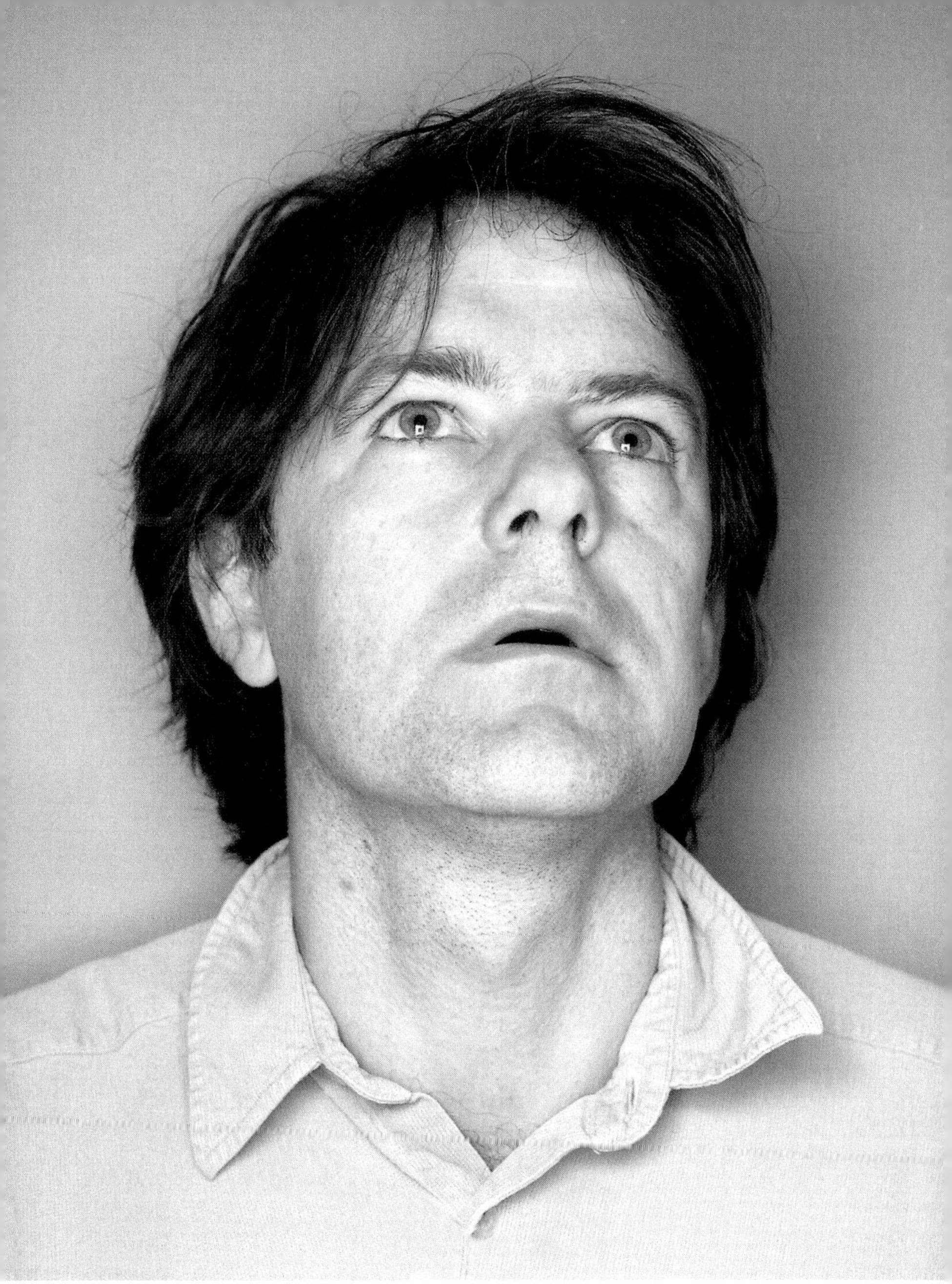

sorcellerie blanche qui court entre les yeux, la bouche, et la main qui écrit. Dans ce labyrinthe, on est à la fois le héros et la bête ; les deux corps se superposent. Ce spectre écarquillé qui lève les yeux, avec la pupille encore dilatée du médium, c'est vous — vous dans ce labyrinthe composé des 13 lettres de votre nom : Y.A.N.N.I.C.K.H.A.E.N.E.L. La clarté entre par les yeux, elle ouvre un trou dans la bouche qui déclenche par son souffle la main qui écrit.

Cet instant est-il heureux ? On dirait qu'il est pénible, mais sans lui il n'y aurait pas d'autre instant. Ce n'est pas un instant de souffrance, même si des amis à vous diront que sur cette photo vous avez l'air de souffrir. Cet instant, vous ne sauriez dire s'il vous déforme le visage ou s'il lui donne forme ; mais ce que vous savez, non pas d'un savoir assuré, plutôt de ce savoir intuitif qui fait lever vos phrases, c'est que cet instant, s'il existe et dure plus longtemps que vous ne l'imaginiez (au point d'être visible), cet instant est sans témoin. Ce qui suscite cet instant est la solitude elle-même, le point de votre solitude.

L'enchaînement des gestes qui mène à cet instant dépend des nuits. Ce sont des séquences d'ésotérisme personnel. Les ténèbres y brassent votre sang. L'obscurité sort à son gré de la joie ; ou alors c'est la joie qui sort de l'obscurité.

Ne demandez rien : il y a la divinité de la main, la divinité de la veine, la divinité du poumon, la divinité de la chambre, la divinité de la nuit blanche. Ce sont des puissances souples et dangereuses, comme les nymphes. Elles ondoient dans les phrases.

Celui que l'instant regarde reçoit l'éblouissement dans un écart de silence. Ça se passe à une table, dans un appartement de cour intérieure. Les murs et le plafond ont des airs blafards. Les mots existent tout seuls ; ils traversent parfois des corps qui s'en emparent et les combinent pour en faire des phrases.

Quelqu'un a dit que la réalisation la plus haute consiste dans le fait d'établir une certaine distance, de s'asseoir à une table et d'observer les puissances. Dans la zone de nervures où de telles choses arrivent, les combats n'arrêtent pas ; il y a des démons qui se promènent, comme des félins dans les forêts du Bengale ; et ce qui a lieu a toujours l'air de n'être jamais arrivé.

La différence entre ce qui existe et ce qui n'existe pas glisse constamment dans le vide. Des forces immenses passent dans la main ; et s'aventurent dans les textures. On respire enfin quand, à force de répéter des phrases, s'ouvre une brèche. Les yeux ont capté la chose qui vibre dans l'air, ça s'allume, et le danger s'égale à la jouissance. C'est là. Ça a lieu. Ça déborde. C'est un acte de connaissance étrange. L'éblouissement est une attaque contre la frontière.

Ainsi, cet instant fixé par Olivier Roller renvoie-t-il à ce que vous écrivez, à ce maelström au bord duquel vous répétez une expérience de vertige qui ouvre l'existence. Quelqu'un qui entre dans cette opération qu'on nomme la littérature, c'est quelqu'un qui voit le gouffre. Il s'ouvre au vide, et le vide s'ouvre à lui. Il se tient là, interloqué, entre la chance et le péril. Il n'est plus là, et en même temps, il n'a jamais été autant là. Il est enfin là, dans l'instant sans témoin de l'extase, dans cette contrée où l'on est à la fois absorbé et repoussé, où l'on respire mal, où l'on voit sans voir, où l'on ouvre grands les yeux afin de laisser entrer ce qui ne se voit pas.

C'est une expérience du néant : ce néant n'est pas la mort, mais une lame qui passe entre vie et mort, et qu'il est impossible de voir.

Est-ce que c'est ça qu'on voit sur cette photographie ? Si l'on voit ça, c'est inouï, la sorcellerie a réussi : l'instant qu'elle dévoile correspond alors exactement à celui qu'elle accomplit.

14

Royaume des phrases

Je suis allé voir le nom du Marquis de Sade. C'est un graffiti étrange, tracé au canif, sur le tronc d'un marronnier du Luxembourg. Juste à côté, il y a la statue d'une nymphe. Elle écarte les jambes à votre passage.

C'était l'hiver, un matin, vers huit heures. Il n'y avait personne dans le Luxembourg, à part Sade, la nymphe et moi. Un peu de neige sur les pelouses, allées désertes, courts de tennis vides. Les quatre lettres étaient inscrites en majuscule, entre des tirets :

S-A-D-E

C'était en décembre, au jardin du Luxembourg ; il y avait un peu de neige sur les pelouses. J'étais seul.

Je vis sur un arbre le nom de Sade ; une nymphe à mon passage écarta ses jambes.

J'ai traversé sous la neige le jardin du Luxembourg avec les quatre lettres et le sexe de la nymphe. Le grand bassin était vide. J'ai choisi une chaise, l'une de ces chaises basses en métal vert, convoitées par les visiteurs, qui vous enveloppent bien. Emmitouflé dans mon manteau, j'ai contemplé les statues des reines autour du bassin.

« S-A-D-E ! », ai-je dit à voix haute. S-A-D-E : Spécialiste des Atrocités Devant l'Éternel ? Ou alors : Science des Actes et Désirs Excessifs ? Ou bien : Sale Amour Des Excréments. Ou plutôt : Son Altesse Désire Éjaculer. Ou : Salut Aux Déesses Extatiques. Sourire Adressé aux Dames qui Écartent. Société Artistique pour la Délectation des Excitées. Sois Amoureux d'une Danseuse qui t'Enflamme. Suce Antigone qui te Dira son Énigme. Et finalement, je choisis : Sésame Adéquat pour le Déclenchement de l'Écriture.

Les statues des reines forment un cercle autour du bassin : avec la neige, leurs formes blanches sont devenues presque invisibles ; mais je les reconnais tout de suite, car elles tournoient dans mes pensées.

Il faut, pour que des phrases existent, que vous disiez le nom des reines. Alors voici, je les baptise : Francesca Woodman, Charlotte Salomon, Pina Bausch, Cristina Campo, Unica Zürn, Cat Power, Kim Gordon, Danièle Huillet, Maruschka Detmers, Anna Thomson, La Dame à la licorne, Maria Schneider, Anna Livia Plurabelle, Nastassja Kinski, Polly Jean Harvey, Aurore Clément, Nico.

Dix-sept : c'est mon panthéon personnel. Elles sont en même temps dans ma tête, et ici, sous les frondaisons des marronniers. Elles forment une ronde : des éclairs bleus se déplient dans la neige à chaque fois qu'elles se parlent.

Une couronne se forme, au milieu de laquelle j'écris ces phrases. Mon royaume est féminin ; seules m'intéressent les voix, les nuances, les lisières, la jouissance.

J'ai dit : « S-A-D-E », et le cercle a commencé à tourner sur lui-même. La cérémonie débute avec le déchiffrement de la signature ; elle se poursuit avec le réveil de la nymphe. Lorsque la nymphe est ouverte, viennent les phrases, qui font tourner les reines.

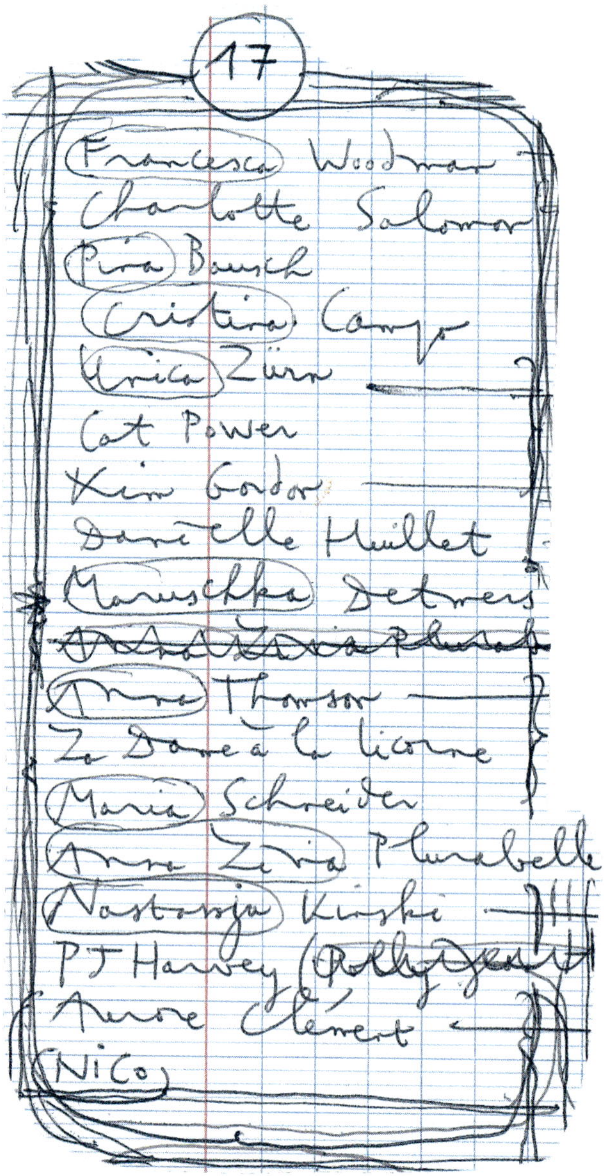

17

Francesca Woodman
Charlotte Salomon
Pina Bausch
Cristina Campo
Unica Zürn
Cat Power
Kim Gordon
Danièle Huillet
Maruschka Detmers
~~Anna Livia Plurabelle~~
Anna Thomson
La Dame à la licorne
Maria Schneider
Anna Livia Plurabelle
Nastassja Kinski
PJ Harvey (~~Polly Jean~~)
Aurore Clément
Nico

Je n'avais rien pour écrire, alors j'ai pris une branche, et j'ai tracé des signes dans l'air : mon bras tournait dans la lumière, et mes gestes se concentraient, comme un bouquet de fleurs.

Plus vous écrivez, plus la nymphe ouvre ses jambes. Elle les écarte à l'intérieur de vos phrases. Le sexe de la nymphe est l'élément secret de la littérature.

Je cherche en tous lieux l'occasion, pour le poétique, de s'éveiller. Être ce qu'on appelle un « écrivain », aujourd'hui, c'est se rendre disponible à chaque instant pour l'arrivée du langage. Rien de mieux à faire qu'à dégager dans sa vie la possibilité d'une telle expérience, à entrer dans les jardins, à deviner la vie des nymphes, à prononcer le nom des déesses.

Il n'est pas vrai que les expériences soient toutes mortes, et que nous n'ayons plus rien à vivre. L'événement le plus décisif, aujourd'hui, c'est la possibilité, dans une vie, de l'expérience poétique.

Comment accéder à la poésie ? Aucune autre question n'a d'importance. Si quelque chose comme une expérience poétique vous arrive, les autres expériences viendront d'elles-mêmes : elles en procèdent.

15

Une saison libre

J'ai passé un hiver seul dans une chambre. C'était à Turin, sous les toits, au bord du Pô. Les cloches de la Gran Madre di Dio donnaient sur mes fenêtres. Je voyais les collines et le ciel. Les cloches sonnaient toutes les heures ; elles s'arrêtaient la nuit pour reprendre à huit heures.

Comment s'appelle cette liberté qui s'ouvre dans la solitude, qui vous arrache aux critères, à l'échange, à la durée ?

La lumière était si nouvelle, et le ciel si clair, sans jamais un nuage, qu'au début mes yeux pleuraient.

Pourquoi étais-je là ? Pour rien, sans doute. J'entrais doucement dans cette dimension où il n'y a plus de pourquoi. Où la solitude, les fenêtres, le ciel du soir et les fleuves sont sans pourquoi.

Dans la chambre de la piazza Gran Madre di Dio, j'ai commencé à noter cette expérience. Les arbres le long du Pô étaient rouges. Je passais mes journées seul et sans parler. Il y avait des montées de vision dans l'après-midi, et le soir un tournis d'ivresses où je dilapidais mes nerfs. Je franchissais chaque jour le pont Vittorio Emanuele I, et les phrases venaient à ma rencontre.

Je me suis approché de la fenêtre. C'était le premier soir. Je riais. Les instants cherchent un trou, ils désignent aux hommes le vide. Cette nuit, je ne craignais pas du tout le vide. Ni le désespoir ni la joie n'arrivent à la hauteur du vide. Je voyais vraiment le vide à la place du monde.

Je suis resté immobile plusieurs heures à ma table. Le ciel noir de Turin entrait dans la chambre. Je rallumais de temps en temps la bougie. J'ai écrit cette phrase : « Le vide, s'il prend la place du monde, implique la destruction la plus calme. »

Celui qui demeure dans la solitude, que lui arrive-t-il ? Est-ce que ça s'ouvre, est-ce que ça se ferme ? Est-ce de la pensée, cette chose rouge et blanc qui passe de l'un à l'autre comme un éclair ? Un tel passage implique des horizons qui s'effacent. On commence à se vider minutieusement de son moi, jusqu'à ce que n'existe plus, à sa place, qu'un champ libre.

Je ne me souviens plus du temps, soleil, brouillard, pluie : juste une odeur fraîche, un parfum de jeunesse tous les soirs sous les arcades de la ville. Il faisait nuit, mais les boutiques étaient ouvertes, et j'y entrais pour rien : pour le plaisir d'entrer. Il y avait des couleurs splendides dans la nuit : des ocres, des bruns, des rose-brun ; et les vitrines mettaient là-dessus des miroitements d'antiquaire où le marbre glissait.

Les premiers jours, je n'ai rien « visité ». Aucun musée, aucune église, aucun lieu dont on vous dit à l'avance : il faut absolument que tu voies ça. Ce que je désirais, c'était laisser monter cet emportement qui crépite au cœur du calme. J'étais si concentré sur ce qui allait venir — sur cette *venue* étrange dont je voyais partout le signe — qu'il m'était impossible de faire le moindre effort pour autre chose. Cette *venue* avait à voir avec la ville ; et en trois jours, marchant cinq heures, chaque après-midi, au hasard, avec le soleil qui me disait « reviens sur tes pas » ou « prends à gauche », et les fleuves qui m'indiquaient secrètement le pouls de la ville, comme le dessin des veines sur une main — en trois jours, j'étais pris dans un enchantement d'itinéraires, de fenêtres, de murs, de berges, de comptoirs, de cours intérieures, de bancs, d'arcades et de ponts.

Des trous d'air se déplacent dans le jour et la nuit. Vous les percevez parfois, en passant. Alors vous avez un peu de vertige, ou alors mal au ventre, et vos espérances fondent, oubliées dans un coin de votre emploi du temps.

La solitude attire les solitudes. Les buissons s'étoffent. Et là-dessus, de grandes poignées de vent.

Je ne parlais plus. Au bout de quelques jours de silence, le corps baigne dans sa propre fluidité. Cette fluidité déborde sur les bruits qui composent d'habitude vos journées. Les bruits s'effacent, ils sont devenus impuissants. Tout votre corps est une pensée claire.

Tandis que j'écrivais, la nuit, sur la petite table, les lumières bleues de Rebecca Horn illuminaient là-haut le monastère des Capucins.

Le soir, les cloches s'arrêtaient, je me mettais à écrire. Il y avait dans la nuit des souplesses étranges. Tout m'indiquait l'étendue d'un présent arraché aux doutes.

Il s'était mis à pleuvoir vers dix-sept heures ; il faisait nuit déjà, le tramway secouait les arcades, les vitrines du centre-ville observaient leur propre luxe. J'avais *Le gai savoir* dans ma poche. Je me suis adossé contre un porche, avec les cheveux trempés, pour regarder la pluie. J'ai sorti le livre, et au hasard j'ai lu : « Éprouver le bonheur jusque dans la terreur de l'esprit. » Tout de suite, une chaleur a serpenté dans mes veines, et ma tête souriait comme sous l'effet d'une bonne *grappà*.

La pensée chemine entre les corps. La marche dans une ville, une arrivée soudaine de collines, un dégagement dans les rues lui offrent la chance de venir. Je me dispose chaque jour à recevoir cette chose dont j'ignore encore le nom.

Le temps ne s'ouvre pas dans le déchirement : en lui s'ébrouent les mille vertiges qui lui composent un calme.

Je m'installe à ma table. J'ouvre le cahier. Toutes les phrases de la journée se lèvent dans un même instant. Il est vingt heures. J'ai vérifié à la fenêtre que le monastère des Capucins était toujours tendu de lumières bleues. J'écris jusqu'à minuit. Le néant s'échange avec l'encre qui vous transmet au feu. Dehors, il fait froid, mais j'ai envie d'un verre. Je traverse à minuit le fleuve, emmitouflé dans mon manteau, et tandis que je savoure ce vin noir, je pense aux phrases de la soirée, je souris.

Il y avait certains soirs dans cette chambre, entre vingt et une heures et minuit, une densité d'ombre et de lumière qui m'a conduit à écrire des phrases dont je voyais bien qu'elles menaient à des espaces dont je n'avais pas encore la clef.

Et de la même manière, je longe les rives du Pô tout en restant allongé sur mon lit.

Au bout de deux semaines de solitude à Turin, avec le temps qui est passé, sous le soleil, de la neige à la glace, et les rues de plus en plus froides où s'allume, le soir, une fébrilité sage, j'ai commencé à percevoir en moi cette place d'où se vident tous les rapports, où plus aucun rapport n'a lieu qu'avec lui-même : je me suis mis à vivre à cette place, où l'idée même de place se dissout.

La ville mène une expérience du passage. Ses arcades ressemblent à mes veines. Les corps circulent dans ses artères, brassés par le froid qui les compresse entre les Alpes et le Pô.

Je suis assis sur un banc, piazza Castello. Les couleurs se regardent dans la lumière du début d'après-midi. Le bleu du ciel, le jaune et le rose des façades, l'ocre du château composent une forme pour le repos du temps. Mille fenêtres sur cette place disent que l'esprit voyage.

L'esprit est la vie de la solitude qui s'éclaire. Ce qu'il y a de plus silencieux ouvre les journées. Ça passe par la nuque et continue, lentement, jusqu'à la main. Le trajet d'un tel silence s'appelle l'instant. Chaque instant est libre pour les solitaires.

Alors le fleuve vous parle, les ruelles vous parlent, les collines vous parlent, les bandes blanches des passages piétons, les sachets de sucre sur les comptoirs, les écharpes et les bottes des jeunes femmes.

On était fin novembre, l'air était froid, mais le soleil d'automne allongeait le fleuve depuis les collines. J'étais sur le bord du Pô, à quelques centimètres de l'eau, du côté opposé au centre de la ville. Je regardais les escaliers de pierre qui, sur les berges d'en face, descendent lentement dans l'eau ; je me disais : il y a, le long du Pô, une terrasse où les divinités viennent se laver les pieds. Je me disais aussi : voici le repos éclairé. Le calme engendre l'éclaircie, qui arrive comme l'orage.

Je vivais donc ainsi, dans une chambre, avec du papier et de l'encre, deux ou trois livres et mon manteau, du café, des biscuits. J'étais l'homme le plus heureux du monde. J'étais vif et fatigué, assoiffé et repu. Je marchais chaque jour six ou sept heures. Je dormais, j'écoutais. Quelque chose s'écrivait à travers moi, un souffle d'arabesques étranges, dont le filigrane se dessinait dans les veines de mon poignet ; et ma joie s'élargissait.

Je venais là tous les jours et j'écrivais au bord de l'eau sur un cahier. Je devais être trop près du fleuve, un type se précipite sur moi, avec un dalmatien, et me retient les bras violemment. Il crie. Le cahier et le stylo tombent dans l'herbe. Le dalmatien aboie, il me saute dessus. « *Non capito ! Non capito !* », je dis. Le type me dit en me serrant le bras : « *Il-né-faut-pas-té-souicider !* » J'essaie de dire que le suicide, non — pas du tout : je suis juste là pour être là. Il me regarde avec émotion, il pense qu'il m'a sauvé la vie, alors je lui serre la main, je le remercie. Il m'offre une cigarette. On fume tous les deux en regardant passer les avirons.

Alors commença pour moi l'entrée dans un monde peuplé de statues qui parlent, de ponts qui décident, de nuits de phrases flambantes et d'un amour immense qui naissait à chaque pas.

Je pris l'habitude de passer, presque chaque jour, sous les voûtes, à gauche du Palazzo Reale, qui mènent à la cathédrale. On y passe d'une ville à l'autre. Du côté majestueux, morne — *arcadé* — de Turin, à son côté tortueux. La sombre ville y commence, avec les pauvres, les sales gueules, et les beautés plus extravagantes.

Je passais donc cette porte chaque jour, et à mon passage *quelque chose disparaissait.*

Ce n'est pas moi qui disparaissais — pas exactement. Quelque chose, dans la silhouette qui passe les voûtes, se perd en route — ou plutôt s'ouvre à la réserve de ses propres gestes. Je sentais qu'un écho se déplaçait avec moi.

Qu'est-ce qui a eu lieu et n'a plus cessé d'avoir lieu ?

Ce qui se forme dans mon corps est un néant joyeux. Dans ce néant, les phrases se lisent elles-mêmes, *comme dans un miroir.*

Les figures de la joie sont des noms. On passe une porte, et le temps des journées devient parfait.

C'est le soir. Sous les arcades qui mènent à la Biblioteca Reale, les lueurs se conjuguent au lointain. Dans le parc derrière la bibliothèque, il y a une roseraie blanche, et un petit bois où je m'engouffre. Les pins, les bouleaux, les cyprès bien serrés m'accueillent dans leur fraîcheur. Je reste là, *respiré par les arbres.* J'ai soudain dans les oreilles une montée de voix, un air féminin qui ondoie. On dirait l'un des chants de Dido dans Purcell, avec plus de dissonance.

Une sirène, des phares braqués sur le petit bois. Je suis aveuglé. Des types surgissent dans la lumière, ils viennent vers moi lentement. Je ne bouge pas, le dos collé contre un pin parasol. Ce sont des policiers. Il est interdit d'entrer dans les parcs la nuit. Il n'y avait pas de grille, pourtant. Ils me montrent un fil, je l'ai enjambé, ça a déclenché une alerte, je dois quitter le bois.

En marchant au hasard une partie de la nuit, la voix continuait. Elle m'ouvrait le chemin, et le mot « sacré » prenait un nouveau sens.

C'était une boucle lointaine, un murmure plein de clartés. Les épiphanies prennent la forme d'une portée musicale. Toute la mémoire déferle en pensant aux chemins parcourus par la poésie.

Le sacré se déploie dans un instant d'épiphanie pure, et ruisselle dans l'ouverture d'un coin de nuit.

Rien à voir avec « le sacré dans la vie quotidienne ». Aucune mythologie des beaux gestes. Juste une frange de pensée qui se soulève.

C'est ainsi que durant mon séjour à Turin, j'eus la sensation, chaque jour plus nuancée, d'évoluer dans une promenade spirituelle.

J'écris ceci le cahier appuyé sur le parapet du pont Umberto I. Lorsqu'on trace le mot « sacré », c'est toujours au bord du vide. Il vaut mieux qu'aucune croyance ne remplisse ce mot. Il vaut mieux qu'il reste vide. Tant qu'il reste vide, il se réécrit.

Depuis ce vide, une phrase est arrivée, une phrase de Kierkegaard que j'avais oubliée, et qui s'ouvrait enfin dans son ampleur. Elle disait : « Transformer en promenade le saut dans la vie. »

Le saut dans la vie a lieu à chaque instant. Il vous arrache aux notions périmées, et vous délivre de la cause. Quand enfin vous êtes débarrassé de cette vieille idée de la cause, un champ libre s'ouvre à vous.

Turin est une ville sacrificielle. Le taureau me surveille. Il est quelque part, dans un bois de sang. Il pense : toi aussi, d'une manière ou d'une autre, tu entreras dans les opérations du sacrifice.

Je suis sur un banc de la piazza Cavour, ma place préférée. L'horizon s'ouvre ici en rond. Les statues de dieux m'assurent d'une extase que j'éprouve à leur côté. Elles sourient pour me dire : nous sommes passées par là — continue. Alors je continue. Un fil d'extases ne se brise pas facilement. On peut s'accommoder des bavardages les plus épais sans pour autant quitter sa concentration.

Un dieu est un corps qui maintient en lui un point de faveur. À tout moment, il habite ce point. Ainsi a-t-il la force de donner un nom à tous les instants qui le traversent. On est un dieu quand on nomme son propre temps.

J'étais donc là, sur le banc de la piazza Cavour. Les étudiantes sortaient de cours, des chiens pissaient çà et là, et dans les taches de soleil partout autour des arbres, le vert et le jaune se mélangeaient avec douceur. Par la fenêtre d'un bâtiment de briques rouges, je devinais la silhouette d'une femme : elle montrait du doigt un point vers les arbres.

Une fillette s'est placée au centre de l'auréole jaune, sous le chêne, dos contre le tronc. Les feuilles étaient partout dans l'air, et les feuilles jaunes couronnaient la fillette.

Ce qui vient, je l'ai baptisé cet hiver-là la *venue.* Elle reformule votre solitude, et l'envoie vivre au cœur du temps. Plus rien de familier, ni hommes ni dieux, juste l'ivresse qui les met aux prises.

La *venue* ne fait venir qu'elle-même ; et si vous êtes vraiment débarrassé de la manie de comprendre, vous l'entendrez.

Un mouvement se dessine, certains jours tout semble se retourner, tout veut flamber dans une joie secrète, et puis non, ça retombe : ça n'aura jamais lieu *à plusieurs.*

Il vous semble même que vous sortez d'un très vieux labyrinthe, un labyrinthe millénaire — si ancien que jamais vous n'aviez eu conscience d'y errer.

Une nuit, je ne dormais pas. Je revenais d'un dîner où j'avais beaucoup bu. J'étais en manteau dans la chambre sous les toits, avec mon écharpe qui pendait jusqu'à terre, et mes désirs qui cette nuit me paraissaient trop grands pour être endormis. Je suis redescendu. Dans le bahut près du lit, j'ai trouvé une lampe de poche. Il y avait cette lumière bleue dans les collines, autour du monastère. Je me disais : je veux la voir de près : j'ai beaucoup bu, mais je n'ai soif de rien d'autre à présent que de cette lumière bleue.

J'ai gravi la colline dans le noir, la petite lampe de poche m'ouvrait un chemin d'enfant entre les arbres. Le chemin grimpait, il était raide et les arbres avaient dans la nuit des gestes à faire peur. Je me disais : tu traînes en lisière du bois, un jour la nuit se retournera sur toi. J'ai dit ça tout haut : « Tu traînes en lisière du bois, un jour la nuit se retournera sur toi. » Ça m'a fait rire, comme si j'étais dans le bois des sorcières de *Macbeth.* Mon âme est vouée à des choses qui existent pour elles-mêmes, qui dansent en dehors de la société.

En arrivant au monastère des Capucins, j'ai trouvé, oublié sur un banc, face au parapet d'où l'on enveloppe toute la ville, et les collines alentour, et les fleuves qui sinuent dans la plaine, un paquet blanc. À l'intérieur : une chemise. Une chemise neuve. Il y avait encore l'étiquette, le papier cristal entre les plis, et les épingles. Une chemise de luxe, en soie, de la même couleur que les lumières après lesquelles je courais. J'ai pensé : demain je rapporterai la chemise à la boutique, et celui qui l'a perdue, ainsi, la retrouvera. Et puis non, j'ai pensé : elle est pour moi. D'ailleurs on ne perd pas une chemise, on l'abandonne. J'ai grimpé dans le froid, j'ai traversé une forêt dans la nuit, j'ai bravé les arbres et les bruits : cette chemise est à moi.

Alors j'ai ôté mon manteau, je me suis déshabillé dans la nuit, torse nu, et, lentement, comme si l'on me sacrait roi de Turin, j'ai enfilé la chemise. Elle était si belle que je n'ai pas senti le froid : avec elle, en bleu dans la forêt d'étoiles bleues tout autour de moi, je me suis senti violemment libre.

Le climat, les rues, les arcades n'existent qu'afin de rendre possible l'approche de cette jouissance dans laquelle s'absorbe le temps, et que je nomme le sacré.

Ce qu'on a appelé longtemps le « sacré », et qui s'est vidé de tous ses attributs au fil des siècles, revient dans la métamorphose des phrases.

Vous avez toute la littérature en tête, une idée personnelle de la nuit, et des gestes dans la solitude qui vous portent à l'avant des sensations, ainsi le sacré circule-t-il autour de votre tête.

Ne dis rien. Ne dis pas que ça existe. Seules les phrases existent.

Rien, peut-être, en termes de nuances. J'allume la lumière, je l'éteins, je l'allume. À un moment, la lumière existe toute seule.

Je m'en allais, mon corps fuyait de toutes parts. Dans la rue, en marchant, la gorge demande des renforts, de quoi lui brûler les poumons.

Les jours vont être légers, maintenant. La dose de nuit, je l'ai. Avec mon sang, je pourrais traverser des déserts de neige, je pourrais remonter des fleuves juste *pour voir.*

Le plus mystérieux concerne ce qu'on a laissé être. J'ignore si de telles réussites existent. Quelque chose pourtant se fraye un passage entre l'espace et le temps. Une chambre, un parc et des collines légères flottent *pour plus tard.*

Alors disons que c'est un pari : je parie que mon corps, durant cet hiver passé à Turin, s'est empli d'un air qui n'est pas celui de Turin, un air qui n'est de nulle part, un air qui ne vient de personne.

Je n'avais plus besoin de respirer : quelqu'un respirait à ma place. Cet air est passé par d'autres poumons ; il passera encore par d'autres poumons, il circulera toujours, de poumon en poumon.

C'est ainsi que je vis le saint suaire, au Duomo di San Giovanni Battista. Devant la chapelle, une jeune fille était à genoux et priait. Je me suis assis sur le banc face à la reproduction. Je m'ennuyais un peu, je me forçais à vivre ce moment en me répétant : « Tu es devant le saint suaire. » Pas d'émotion. Je me disais : le filigrane de l'incarnation est un visage qui éponge le temps.

Et puis, sur ce banc, j'ai pensé que le Christ n'avait pas besoin d'avoir de visage puisqu'il était la parole — l'autre nom de toutes les phrases. Si les phrases ne meurent pas, me disais-je, si elles s'oublient dans le temps pour reprendre vie, alors elles aussi, à chaque instant, ressuscitent ; elles aussi, elles sont la parole : elles voient l'enfer et pénètrent au paradis.

Sur le banc, face à l'empreinte du Christ, je pensais au mouvement qui effaçait mon ombre lorsque je passais la porte : ce mouvement réalisait chacune des phrases qui me venaient ici.

À mon tour, sur le banc, je m'effaçais. Je n'étais plus qu'un jeu de phrases qui tournent — une nuit qui formule son empreinte. Les phrases n'ont pas de visage. Je n'avais pas de visage. Je n'étais plus qu'une main —

une main de phrases. J'ai vu soudain la trace de ma main contre la pierre du Duomo.

J'ai commencé à rire tout seul. Je pensais aux « mains négatives » de Lascaux. Paroles de main, phrases de main. Je me suis levé, la jeune fille qui priait s'est redressée elle aussi. Elle s'est signée, puis m'a regardé poser ma main, bien à plat, contre la pierre, à gauche de la chapelle du suaire. On s'est dévisagé, elle pleurait. Les cloches ont sonné sept heures du soir.

Qu'est-ce qui en vous périme ce qui est périmé ? Qu'est-ce qui est plus fort que les vieilles notions ? Ne me dites pas : Dieu.

Je me suis souvenu de la phrase de Georges Bataille : « Les plus communes opérations de la vie demandent que nous soyons penchés sur l'abîme. »

L'ouverture du temps sur le néant qui l'éclaire n'implique pas le déchirement. Il est possible que cette révélation soit sereine. La preuve. Ce qui fuse dans la nuit vous enveloppe ailleurs. La chambre allumée vit son état de grâce comme une étrangère qui rit dans un pays nouveau.

La nuit, j'écris sans cesse maintenant, et les lignes serpentent dans l'air de la chambre. Je regarde dans le vide, et ma main tourne encore toute seule. Les visions s'empilent de cahier en cahier. Elles récapitulent en quelques phrases des kilomètres de promenades.

Je me suis réveillé pour noter ceci : « C'est l'éternel retour des phrases qui nous rend à chaque instant immortels. »

Le cœur ne devrait battre que pour ça. Une immense solitude y prépare, jusqu'à ce que les battements résonnent dans vos phrases.

Toute l'histoire des spéculations se jette cette nuit dans ma tête. Elle veut des flammes, il lui faut des flammes toujours nouvelles, comme ces vierges qu'on livre au Minotaure. Je ferme Nietzsche, je ferme Kierkegaard, je ferme la *Somme athéologique* de Bataille. Leur pensée traverse la nuit, voici que ma gorge s'éclaire de désir. Je suis allongé dans le noir, mon existence est si légère qu'elle n'est plus qu'un saut.

Ces choses n'ont ni commencement ni fin. Elles ne complètent aucun ensemble. Les signes brûlent pour rien dans la nuit, ils se destinent à la métamorphose.

L'espace vous semble toujours plein ; et malgré cela, il faut entrer dans une pièce vide.

Être libre, c'est savoir entrer dans une pièce vide quand pourtant elle est pleine. C'est le sens du *saut dans la vie.*

Le matin, l'après-midi et le soir se vident d'un coup dans ma nuque au moment où je m'allonge pour écrire cette phrase. Le jaune s'est rapproché de moi, rien d'autre.

16

Notes sur la jouissance d'une sainte

C'est à Rome, en 2008, au Palazzo Barberini. Accrochée près d'un Caravage qui lui vole la vedette, une toile semble seule, presque abandonnée. Quelque chose vous attire en elle, et bientôt vous captive. Impossible de continuer la visite, impossible de passer au tableau suivant. En quelques secondes, vous êtes obsédé : il *faut* que vous regardiez. D'ailleurs, vous ne regardez plus vraiment cette toile — vous la *dévorez* des yeux.

C'est une femme adossée à un rocher, la tête renversée en arrière. Elle serre une tête de mort entre ses jambes. Elle est dénudée jusqu'aux hanches. Une couverture de laine vert olive à liseré rouge et noir couvre ses jambes écartées. La femme a de longues boucles blondes qui lui descendent sur les épaules, elle ferme les yeux, sa peau est rose bleutée, ses joues sont envahies de rouge.

Cette manière de renverser la tête en arrière ouvre tout entier son corps : il n'est plus qu'une immense gorge, qui s'étend des seins à la montée des joues. Les bras, ourlés d'ombre, augmentent encore cette nudité.

Qu'est-ce que disent les doigts, leur relâchement, leur sueur légère ? Et la bouche bien serrée, les yeux qui se ferment ? Qu'est-ce qui parle à travers cette rougeur qui prend les joues ?

Et ce bleu, là, qui surgit sur la gauche du tableau ? On dirait qu'il se découpe entre les dents de la roche, comme une clairière vive. Ce bleu parle de ce qui a lieu dans le corps de cette femme ; il affirme une clarté, et en même temps un déchirement. C'est le bleu du trouble — c'est la figuration même de la jouissance, son éclat qui *découpe la nuit*.

Regardez enfin sous le crâne, entre les jambes de la femme : les plis de la couverture forment un triangle explicite, où se lit l'ouverture des lèvres.

Ce qui s'accomplit dans ce corps brûlé d'intensités, ce qui affecte d'un mouvement humide cette densité charnelle, ce beau volume de peau blonde, c'est une extase.

La tête de la femme se renverse en écho à la tête de mort qu'elle serre entre ses jambes. La place de ce qui jouit dans un corps, est-ce la tête ou l'entrejambe ? C'est la question que pose la toile.

Je pense à cette phrase fulgurante de Georges Bataille : « Chez une femme, la chance est reconnaissable à la trace, lisible sur les lèvres, de baisers donnés dans une heure d'orage à la mort. »

L'« heure d'orage » est ce fil d'éclairs à travers lequel on passe du connu à l'inconnu : où l'instant bascule et vous dénude.

Car la nudité n'est jamais naturelle ; elle ne résulte pas de l'abandon des vêtements qui cachent un corps — mais d'une *métamorphose* du corps. Le corps qui se dénude entre dans l'apparition. Le corps nu est le corps qui s'offre à son propre événement.

Je regarde le cartel : c'est une toile de Guido Cagnacci, un peintre italien du XVIIe siècle, de l'école de Bologne. C'est une Madeleine : *Maddalena svenuta,* « Made-

leine évanouie », c'est le nom du tableau. On dit que Cagnacci l'aurait peint en 1626-1627, à Rimini.

Cagnacci a représenté beaucoup de femmes nues, notamment des Cléopâtre. Elles se percent le sein d'un couteau, elles se tuent. Et au moment de se tuer, se dénudent. Le moment de mourir, chez Cagnacci, est celui de la nudité : la mort est un moment nu.

Vous remarquez à terre un vase à onguents, qui rappelle que la *Maddalena* était prostituée. Il est abandonné, en signe de renoncement aux apprêts. Vous remarquez aussi la croix, et, dans la main droite de la sainte, un fouet de pénitence auquel sont nouées des chaînes.

Madeleine est donc figurée au moment où elle vient de se fouetter. L'instant qui renverse son corps est celui du ravissement où la douleur le transmet à la dimension bienheureuse.

En un sens, c'est l'instant où s'accomplit en elle la sainteté — *où elle devient sainte.* L'instant où une femme s'arrache à la communauté des équivalences — où elle s'excepte —, est celui où elle se procure à elle-même la jouissance.

Ce corps de sainte n'est pas intouchable : ces seins, ces bras, ce menton et ces joues gagnées par la rougeur, cette toison qui retombe en boucles *ne se refusent pas* — ils s'abandonnent.

Ai-je rêvé cette question de Lacan : « Sainte *n'y-touche* ? Au contraire, la sainte est celle qui, plus que les autres, *y touche.* »

La sainte est celle qui *y touche,* parce qu'en elle l'accès est direct à ce qui fait jouir. Et en un sens, la sainte n'est que ça : cette jouissance qui touche à la richesse infinie.

Alors que viennent faire ici la mort et le vieil attelage Éros-Thanatos pourvoyeur de clichés ? Est-ce que ce crâne nous rappelle que lorsqu'on jouit, la mort est non seulement de la partie, mais qu'elle nous regarde ?

Est-ce la mort qui jouit dans la jouissance de la sainte ? Le petit théâtre du masochisme catholique est ici outillé en conséquence. On dirait que le crâne donne du plaisir à la sainte. On dirait qu'elle se caresse à travers lui, sa main le guide, elle le fait rouler sur son entrejambe.

Mais regardez : la tête de mort sépare les deux régions du corps de la sainte : corps nu et corps voilé. La mort est à la tête du corps voilé, la sainte est à la tête du corps nu. Il y a un affrontement entre deux têtes, c'est le sujet de la toile.

La jouissance serait ce qui opère pour une sainte entre les deux têtes.

On dirait qu'ici la mort *veut* la jouissance de la femme. Elle lui mange le nombril. Une femme qui jouit fait envie à ce qui, précisément, voudrait que l'envie n'existe pas, c'est-à-dire à la mort. La volupté fait bander la mort qui veut la supprimer.

Ainsi la mort est-elle conviée au spectacle d'une jouissance qui la dépasse. La mort *n'y arrive pas.* Le plaisir est à lui-même sa propre connaissance ; à cela, la mort restera toujours extérieure : elle ne peut qu'assister au rite qui rend bienheureuse une femme.

La volupté, c'est ce qui vous rappelle que la mort *n'est pas assez.* C'est, comme ici, du bleu qui rompt le noir. C'est ce qui, toujours, fait apparaître cette grotte dans laquelle il y a une femme.

Je fais quelques pas dans la salle, puis je reviens vers la *Maddalena.* Que se passe-t-il quand un tableau nous plaît ? Qu'est-ce que l'émotion nous fait voir ? Vais-je me métamorphoser en cerf, comme Actéon face à la nudité de Diane ?

Je pense à une autre phrase de Georges Bataille : « Ce qui s'appelle nu suppose une fidélité déchirée, n'est qu'une réponse tremblée et bâillonnée au plus trouble des appels. »

Ce qui s'offre, à travers la nudité, c'est la vision elle-même. La nudité affirme qu'enfin on voit. Contempler la nudité de *Maddalena*, c'est guetter un moment propice, mais surtout entrer soi-même dans le « plus trouble des appels » — c'est-à-dire dans la jouissance de l'autre.

Qu'est-ce qui nous fait chavirer, sinon le chavirement lui-même ? Celui des autres — celui qu'on voit à travers une nudité — appelle au trouble, il ouvre au ravissement.

Ce qu'on appelle la nudité n'est pas un état du corps, mais l'accomplissement d'une extase. C'est la jouissance qui dénude une femme. Elle est nue parce qu'elle jouit.

17

Villa Médicis

J'ai été ivre une année entière. C'était à Rome, dans les jardins de la Villa Médicis. Est-il possible qu'arrive le temps parfait ? J'ai pensé : oui, c'est possible.

Le temps parfait existe. Le temps, me disais-je, accède à sa perfection dans l'ivresse. L'ivresse est un point de joie. Elle n'a besoin de rien ; elle enflamme vos nuits, et s'ouvre aux corps qui la relancent.

Je suis arrivé à la Villa Médicis un matin d'octobre. La lumière est douce, très bleue. Les allées du jardin sentent l'orange et les lauriers. Des pins parasols se déploient vers le ciel autour du palais. On est simultanément à la Renaissance, dans la Rome antique, et avec Balthus. On est sur une colline, accueilli dans les siècles.

J'ai passé le concours de la Villa Médicis pour étudier les origines de Rome ; j'écris un livre sur Énée, le héros de Virgile. En s'échappant de Troie en flammes, il fait naufrage, et aborde à Carthage. On lui demande d'où il vient, et où il va : « *Italiam quaerum* », répond-il — « Je cherche l'Italie. » (C'est le titre de mon livre.)

Je suis venu à Rome parce que *je voulais tout*. Je voulais voir toutes les églises, tous les tableaux, toutes les sculptures ; me faufiler dans chaque rue, savourer chaque détail, entrer dans le filigrane de chaque instant. Je voulais jouir des matins, des après-midi, des soirs ; aimer les nuits, connaître les corps. Je pensais aux déesses, aux liens qui se défont ; j'attendais la métamorphose.

À la Villa Médicis, la splendeur vous dévisage avec des yeux morts. Vous êtes entouré de statues, des Hermès, des Janus, qui vous fixent. Vous habitez un jardin, c'est-à-dire un univers sans trottoirs, où la désolation s'égale au luxe.

Il paraît que les pensionnaires de la Villa Médicis passent leur temps à se plaindre, et à organiser des fêtes. C'est vrai : le sentiment de la solitude est très aigu dans ce lieu, une solitude sans mémoire qui vous dépossède, une solitude ancienne, étrangement fiévreuse, qui vous jette les uns vers les autres avec une soif parfois brutale. Quant aux fêtes, les plus extravagantes ont eu lieu dans le petit bois qu'on nomme le Bosco ; c'est une longue terrasse ombragée, avec des fourrés d'acanthe, qui surplombe les jardins, les fontaines, les statues. Dans ce petit bois, où l'on rapporte que Messaline fut assassinée, les désirs circulent la nuit. Le reste du temps, on étudie ; chacun passe ses journées dans son atelier : écrit, peint, compose, photographie. La Villa Médicis est studieuse, un peu languide, tranquillement passionnelle.

Je ne vais pas raconter mon année : seule m'intéresse l'ivresse — ces instants où le corps rejoint la parole, où les barrages rompent, où l'intensité flamboie pour elle-même.

Le passage d'une saison à l'autre est d'une violence dont la douceur vous absorbe. Cette violence, cette douceur, c'est le sujet ; et peut-être, indépendamment des « projets » de chacun, est-ce le seul véritable sujet d'un tel séjour à Rome. On vous offre du temps, on vous offre le temps lui-même, c'est-à-dire la possibilité d'ouvrir votre corps à sa méditation.

Vous regardez chaque soir la lumière s'épanouir sur les pierres du mur d'Aurélien, dont l'enceinte borde le fond du parc, jusqu'au début de la via Veneto. Vous observez le volume débordant des pins parasols. C'est le soir. Vous êtes entré dans une clairière, elle s'élargit, un calme nouveau vous enveloppe.

Oui, c'est de la contemplation que vient l'ivresse. J'étais ivre, parce que les parfums et les couleurs débordaient ; mon corps tournait dans la lumière, avec des plis de nuances qui venaient le combler lentement. Il existe, au cœur du mouvement, un grand repos. Ainsi l'ivresse est-elle la clef du calme.

J'ai passé des heures d'été allongé sous un pin parasol, tout au bout du parc, à observer les mouvements de la lumière sur une vasque, sur des pierres ; des heures de printemps à respirer le parfum des lauriers-roses qui entraient par les baies vitrées chez moi ; des heures d'hiver à courir sous la pluie, à contempler le Tibre en train de déborder sous le déluge.

Certains jours, la petite communauté de la Villa Médicis vous semble invivable : son calendrier mondain, sa compétition de narcissismes, cette convivialité bon enfant qui profite de la promiscuité pour vous forcer la main, vous ne pouvez plus les supporter. En même temps, vous adorez ces amitiés sans limites qui s'allument dans un lieu clos comme des coups de foudre. Vous tentez de vous soustraire à la surveillance — à cette demande incessante de reconnaissance qui est toujours secrètement policière, et qui *dégénère*. Mais il est impossible de lutter contre cet amour étrange qui vous lie à ce lieu, aux histoires qui s'y trament, aux personnes qui les animent.

À la Villa Médicis, j'ai eu des extases longues, des angoisses cinglantes, des conversations inouïes, des ivresses colossales. Je me suis énormément *dépensé.* Il est possible que l'expérience de la Villa Médicis consiste à ne pas se détourner de ce qu'elle offre : c'est-à-dire la possibilité, ouverte à chaque instant, d'un débordement — d'une immense dépense. Les émotions ne s'économisent pas. Ceux qui m'ont vu tituber la nuit dans l'allée des Orangers, avec un sourire béat, faisaient partie, eux aussi, des bienheureux.

Est-ce que je buvais *trop* ? Dans les fêtes, je dansais au ralenti, avec un sourire égaré, comme font les mystiques juifs. Encore, encore — et puis d'un coup, c'est trop. Le passage entre « encore » et « trop », c'est mon point. C'est le désir qui se rejoint. L'excès ouvre à une jouissance fragile ; elle danse sur un fil au-dessus du vide.

L'excès qui vous brûle s'adresse aux dieux qui manquent. Après la journée, il y a un reste : c'est la part du feu, celle qui vous consacre. Votre constance est à ce prix. Elle doit se consumer, pour renaître.

Il arrive, en temps ordinaire, que quelqu'un jouisse à votre place. Vous vivez *à côté*, dans l'approximation tourmentée de vos désirs. Dans l'ivresse, au contraire, vous accédez à une jouissance qui est la vôtre. Personne ne peut être ivre à votre place. La jouissance vous révèle : *vous êtes enfin là*. Alors, le temps se donne : c'est le sens de l'érotisme.

Ils croient qu'on est possédé quand on est ivre. C'est le contraire : cette jeunesse de Dionysos qui danse en chacun de nous est seule capable de désenvoûter le temps. L'ivresse est une magie blanche, elle vous délivre d'un monde en proie.

Et puis, quand on est ivre, on n'est pas en dehors du temps : on est enfin *dans le temps* ; on s'y baigne.

J'étais ivre de lectures, ivre de phrases et de détails sensuels, ivre de cette profusion qui chaque jour vous ouvre les trésors de Rome, ivre de ces montées de sensibilité qui viennent avec le soir, et de ces conversations qui vont jusqu'au matin ; ivre de ces désirs brusques qui me prenaient soudain au réveil : il fallait absolument revoir, tout de suite, *La Vocation de saint Matthieu* du Caravage ou *L'Extase de sainte Thérèse* du Bernin, et l'on courait, la jeune Étrusque et moi, vers l'église San Luigi dei Francesi, ou vers l'église Santa Maria della Vittoria ; ivre de confiance, de doutes, de discordes, ivre des corps qui nous attirent, des hanches, des épaules, des chevelures, et de tous les gestes où s'accroche le désir ; ivre d'habiter cette terre de frontière qui, selon Kafka, s'ouvre entre solitude et communauté ; ivre de boire des barolos et des barbarescos, d'engloutir ces vins sans s'arrêter, comme si je buvais la substance même de mes journées, mes matins, mes soirs, mes nuits, comme si je buvais ce fleuve de langage dans lequel mon corps et ma tête se baignent depuis que les phrases s'y allument, comme si je buvais la Villa elle-même.

L'ivresse vous initie. À quoi ? Où vous mènent ces instants qui vous dégagent ? La consumation vous consacre. Vous êtes dans le labyrinthe, le taureau va surgir.

Je me souviens d'une orange sanguine, mangée près du Colisée. Le fruitier me l'a ouverte avec un couteau, pour me la faire goûter. Elle était rouge-mauve. J'ai dans ma bouche la mémoire de son sucre. Tous les chemins mènent à cette orange.

Ça vient de partout maintenant. On glisse dans la métamorphose. Le temps s'incarne selon les rites. Les citronniers vous regardent. L'œil de la nuit suppose une nouvelle noblesse.

C'est l'été, il fait quarante degrés. La jeune Étrusque est partie à la mer, je suis seul. Je vais passer le mois d'août sur une chaise longue, sous les pins parasols, avec une pile de livres.

Il y a *Le rose Tiepolo,* de Roberto Calasso ; *Sabbataï Tsevi, le messie mystique,* de Gershom Scholem ; le tome 2 des *Œuvres complètes* de Georges Bataille ; *Contrappunto,* un petit traité de Don DeLillo sur Glenn Gould et Thelonious Monk, que j'essaie de déchiffrer en italien ; il y a aussi mon Virgile, quelques livres sur Rome, que je n'en finis pas d'annoter, et puis *Héliogabale* d'Antonin Artaud, que j'ouvre tous les jours.

Je voulais juste un peu d'ombre, le feuillage des pins, la clarté d'un mur antique. Je voulais rêvasser l'après-midi aux oracles de Rome, aux noms, aux phrases, aux détails ; à ce livre sur Énée qui devenait un labyrinthe ; à cette manière anxieuse et douce qu'on a de vivre lorsqu'on écrit un livre.

À ma gauche : cahiers, livres, stylos. À ma droite : bouteille d'eau. Tout autour, la haie de lauriers-roses, les neuf pins qui me donnent de l'ombre, et le ciel d'un bleu net, cassant, qui m'assure que chaque jour est immuable, et que la même scène se reproduira pendant trente jours : un corps enfourchant une chaise longue vers dix heures du matin, et n'en bougeant plus jusqu'au premier verre de vin, lorsqu'à dix-huit heures, le téléphone sonnera pour battre le rappel de l'*aperitivo*, chez tel pensionnaire.

D'heure en heure, le calme se développe, il prend consistance ; le silence et les arbres le protègent, il se soulève au fil de la lecture : la vérité du calme est grisante.

Je lus, je m'endormis souvent, je rêvai d'hirondelles. La clarté tournoie dans les arbres. Le soleil vous délivre du temps. Les après-midi sont lents, comme l'espérance. À chaque instant, j'espérais que le temps s'allonge, qu'il continue encore, que le soir n'arrive jamais, ou bien que le soir prenne la forme d'un autre après-midi, plus fruité, pourpre, mais toujours aussi lent, sans contenu.

Lire à la fois précède le rite, et l'accomplit. Quatre heures, cinq heures, six heures de lecture vous transmettent à l'expérience. Lire vous couronne. Le royaume est sans frontières.

Du mélange de mes lectures se forme un corps nouveau, où s'ajuste la métamorphose. Ce n'est plus mon corps, mais un espace d'écoute où vient naître la parole. Les phrases se forment là, dans l'alchimie solitaire. C'est cela, pour moi, la véritable ivresse : cet instant où la parole se lève.

J'ai dans la tête un territoire serein et sauvage qui naît du silence ; ce territoire s'épanouit avec une lenteur fixe ; il a besoin que mon corps se concentre, afin de s'élargir au fur et à mesure de l'après-midi, et prendre une tournure d'extase.

L'ivresse monte, comme un fleuve qui se consume. Je vois des nénuphars en feu sur l'eau. La journée se destine au déchaînement qui tourne l'ivresse sur elle-même.

D'abord la longue ivresse du calme, sa jouissance claire et méditée ; puis un renversement dans l'*autre ivresse*, où l'agitation nocturne dépensera rituellement les forces accumulées dans la journée.

Je m'instille à longueur de journées des phrases qui s'enflamment. Ce feu m'achemine vers la nuit. L'alcool, au début, l'apaise : la nuit allumée boit le feu, elle vous engourdit. Puis le feu revient, avec la parole. Vous *trouvez les mots*, ils s'ajustent bien, ça tourne avec eux dans une ronde qui scintille.

Vous dilapidez la nuit dans l'ivresse l'excédent de forces que vous a procuré l'ivresse dans la journée.

Les obstacles tombent. La pesanteur s'efface. Il n'y a plus de frein. Vous n'êtes plus accroché au temps, vous vous détachez, voici que vous flottez dans un néant joyeux.

Ça néantise à fond dans l'ivresse. Justesse du néant, qui vous délivre des carcans. Vous sentez bien que c'est un étrange bonheur. Car le néant ne ferme pas ; au contraire, il vous ouvre à cette acuité qui transfigure les sons, les couleurs, les formes.

Qu'y a-t-il dans l'ivresse ? La tête, le corps, le désir coïncident. Les gestes *prennent.* Vous voyez, vous sentez — plus et mieux. « C'est l'heure des éclairs supérieurs », comme dit Rimbaud.

La différence entre l'ivresse et l'ébriété ne relève ni du dosage ni de la quantité d'alcool absorbée, mais de l'usage que vous faites du néant.

Car le néant est précisément la dimension de l'existence où a lieu la jouissance. Dans l'ivresse, le néant éclate de rire à travers votre corps.

L'ivresse révèle le néant qui vous ouvre ; elle vous indique aussi l'horizon de la noyade. Voici qu'à chaque instant vous côtoyez votre perte : dans l'ivresse passe une simplicité qui vous supprime.

Ça ne s'arrête plus, maintenant. Vous passez d'une ivresse à l'autre. Journées de lectures, nuits de fête. Vous êtes devenu un ami du néant.

Le néant vous prodigue sa mystérieuse opulence. Mais vous reconnaissez aussi, en lui, un ennemi qui vous guette. La nuance entre extase et disparition est mince. La mort, dans l'ivresse, vous observe avec sa douceur stérile.

C'est dans le carré des Niobides, face aux statues restaurées par Balthus, qu'on organisa une fête vers la mi-août. En l'honneur de quoi ? La plupart du temps, les fêtes étaient organisées pour rien, et promptement. Nous profitions de l'absence de directeur : Frédéric Mitterrand venait d'accepter un ministère, personne ne le remplaçait. Pas besoin d'autorisation, pas besoin de s'y prendre à l'avance ; on décide au dernier moment, et vers minuit, en quelques minutes, on installe la musique, des lumières, un bar à vodka.

Cette nuit-là, ma joie est extrême. La vodka électrise les corps. Nous dansons face aux Niobides comme si nos corps étaient pris de bacchanale. L'euphorie devine les désirs. Le prosecco coule à flots. Je bois comme un barbare. Il y a cette jolie stagiaire, presque nue, avec qui je danse bien, et qui est un peu trop offerte. Il y a des lumières bleu-rose qui tournent dans les verres, et les rires glissent sur la peau comme des baisers. Vodka, prosecco, vin rouge. Les épaules tournent avec les hanches. Bracelets au ralenti dans les gestes, boucles d'oreilles, cigarettes. Érotisme des ongles. La jolie stagiaire me parle à l'oreille, mais je nage déjà dans le néant. L'espace recule un peu, puis revient, comme un écho, comme un cœur qui bat.

Puis, toujours, le désir brusque de leur fausser compagnie. De quitter la fête — seul. J'ai toujours fait ça. Même ivre mort comme cette nuit, sur un coup de tête, je m'en vais.

Je rentre au matin par le Bosco. Les stations sont innombrables. Il y a une porte en bois qu'il faut pousser. Ce matin elle semble énorme. Un escalier en pierre, qui fait un angle. Puis la terrasse, où je fais halte. Accoudé au parapet, on a la Villa Médicis pour soi, tout entière, et là-bas les dômes, les palais, le ciel autour de Saint-Pierre. Chateaubriand a organisé une fête ici, il y a deux siècles. Je ris tout seul, je vide mon gobelet de vodka en son honneur. Les lumières autour des Niobides clignotent au fond du jardin. Ça danse encore, là-bas, au ralenti, ce sont les dernières flammes. Je me sens bien tout seul, les féeries continuent, elles se nourrissent de couleurs pâles, maintenant, celles de l'aube. Je sens dans ma tête un rire qui n'est pas le mien, un rire immense, un rire à plusieurs.

Je l'entends bien, c'est un rire de phrases, plein d'âme. Dans ce rire, il y a Énée, Balthus et Sabbataï Tsevi ; il y a la Thérèse du Bernin qui se pâme avec l'ange : Dieu lui parle bouche à bouche ; il y a le jeune Héliogabale, entouré de taureaux et de hyènes, qui arrive à Rome dans une irisation mystique, le membre trempé dans l'or, accompagné d'un cortège de femmes délirantes, et qui, entrant rituellement dans la Ville à reculons — par le derrière —, déclare l'anarchie ouverte ; il y a Messaline, et Rhea Silvia, la vestale, mère de Romus et Remulus, enterrée vivante. On n'est jamais seul quand on est ivre. Ou alors on l'est extrêmement, et alors le monde entier afflue, et peuple votre corps de noms, de sourires, de paroles et d'émotions qui vous parlent : ils sont tous là autour de vous, c'est une ronde, ils vous font une couronne, et vous-mêmes vous faites partie, peut-être, de la couronne de quelqu'un d'autre, et cet instant s'épanouit, se module, se tresse avec des fleurs, du raisin, des mélodies dont personne n'entend qu'elles se détraquent, gondolent, plient et se défont, parce que seule importe cette confiance dans l'ivresse, et cette joie qui vous porte à courir vers le bois, à vous enivrer du parfum des acanthes, des lauriers, et de la fraîcheur des mousses : oui, tous ceux que vous aimez sont là, les vivants et les morts, vos amis, et puis les jeunes filles avec qui vous avez dansé cette nuit, et la jeune Étrusque, qui est à la mer, et dont la douceur, l'humour et l'érotisme vous manquent.

Je m'écroule dans le Bosco. La terre est dure. Ça pique un peu, mais c'est si bon d'être seul. Et puis je suis au frais parmi les feuillages. Il y a déjà les mouettes, elles tournent autour des pins ; il y en a une qui plane au-dessus des buissons, très doucement, et me frôle. Oui, c'est un étrange bonheur. Je les entends, en bas, ils dansent, mais les rythmes s'éloignent, assourdis. Je m'endors.

La lumière me réveille, des voix aussi. Mal au crâne, bouche pâteuse, j'ai soif. Il est quelle heure ? Je suis vautré dans un fouillis de buissons, tout ankylosé, avec des feuillages partout, des branches, et de la terre plein la bouche. En plus, je vois flou, mes lentilles sont collées. C'est ce qu'on appelle un matin de gloire.

C'est agréable ces petits bruits du Bosco, ces frémissements dans la lumière, toute cette nacre à travers les feuillages. J'entends une voix de femme, les mots « Villa Médicis », « pensionnaire ». La voix se rapproche : « Les pensionnaires sont recrutés sur concours… » C'est la guide, des visites sont organisées chaque jour pour les touristes : « Ils reçoivent une bourse qui leur permet de mener à bien leur activité artistique… » Je ricane : est-ce que je mène à bien mon « activité artistique », là, en ce moment, étalé dans les fourrés ?

Un groupe de touristes est arrêté dans l'allée, ils écoutent la guide. Est-ce qu'ils m'ont vu ? Il faut absolument que je pisse. La guide continue à réciter son texte : « À l'extrémité du bois, vous remarquez, édifié sur une petite butte, un escalier qui mène à un belvédère qu'on nomme le Parnasse. La colline recèle un labyrinthe datant de l'époque étrusque, et qui contenait vraisemblablement des chambres funéraires. » Je souris : mon ivresse était bonne conseillère : j'ai dormi au-dessus d'un tombeau antique. La soif n'obscurcit pas mes veines, elle les accorde aux plus anciennes périodes. Un tourbillon souffle du passé, continuellement. C'est à cela que nous ouvre l'ivresse : à cette mémoire vivante qu'est la vie de l'esprit. Mais qu'ils s'en aillent du Bosco, les touristes, je me sens mal, et puis c'est un bois sacré.

Ils n'en finissent plus de poser des questions à la guide, pas du tout sur les Étrusques, mais sur les pensionnaires : comment ils vivent, combien ils gagnent. Moi, je voudrais juste rentrer, alors tant pis, je me lève. Ça cafouille un peu, je perds l'équilibre, et puis ça fait un bruit effrayant, ces feuillages. Les touristes tournent tous la tête vers moi, ils me voient sortir de terre. Sûrement j'ai l'air dépenaillé, hirsute, mais j'essaie d'être digne : je m'avance, je salue la guide, les touristes sont ahuris. « Voici justement un pensionnaire », dit la guide. Ils s'écartent sur mon passage, ils sont stupéfaits, mon portable sonne : « Excusez-moi », dis-je, et je m'éloigne en titubant. C'est la jeune Étrusque, elle est à la plage, j'entends les vagues. Elle me demande si ça va : « Très bien, absolument parfait », dis-je. Il est midi, elle va manger des fruits de mer, elle va se baigner. « Et toi ? » demande-t-elle. Je lui dis que je viens à peine de me lever, et que pour le moment le programme de ma journée consiste à boire un café. Je parle doucement : je sens les regards des touristes dans mon dos, à mon avis ils parlent de mon « activité artistique ».

Je suis au bout du Bosco, devant le belvédère. Deux statues de Janus encadrent l'escalier de pierre. Les cyprès font une couronne à ce temple. L'initié, à la fin, gravit encore des degrés. Il y a une fontaine tout en haut. Comme il serait bon de se baigner. Je me retourne : les touristes s'en vont, certains d'entre eux me prennent en photo. À un moment, l'ivresse est vide, elle n'a plus de faveur. Si je grimpe jusqu'à la source, mon mal de tête disparaîtra. Je salue les Janus, j'enlève ma chemise, je la jette au bas des marches, j'enlève mes chaussures. La lumière est douce aujourd'hui, elle miroite entre les arbres. Je monte. La déesse du bonheur, est-ce qu'elle existe ? Il suffit, avec les mains, avec les jambes, avec la gorge et le cœur, de penser, de sourire : ainsi existe la déesse. À voix haute, je dis : « Le bonheur est plus fort que le labyrinthe, parce qu'il inclut le labyrinthe. » J'ai ôté mon pantalon. Encore quelques marches. J'ai l'impression de monter sur un temple aztèque. Le sacrifié, c'est moi. Je suis un vieil Étrusque. Les Romains ont exterminé mon peuple. La solitude en moi montre les dents, comme un animal. Ma noblesse est féroce, je me tiens loin des groupes. Je suis venu ressusciter. Alors ce matin, j'offre ma tête au soleil. Un vert, un bleu très foncés envahissent le ciel. La fontaine est à portée de main, il ne reste plus qu'une marche. J'entends des clapotis, un rire de petite fille. Je suis réveillé, maintenant — nu et réveillé.

TABLE DES ILLUSTRATIONS

TABLE

DU MÊME AUTEUR

Aux Éditions Gallimard

Romans

Évoluer parmi les avalanches
Introduction à la mort française
Cercle (Folio n° 4857). Prix Décembre.
Jan Karski (Folio n° 5178). Prix Interallié.

Collectifs

Poker, Entretiens de la revue *Ligne de risque* avec Philippe Sollers
Ligne de risque, sous la direction de Yannick Haenel et François Meyronnis
Prélude à la délivrance, avec François Meyronnis

Aux Éditions Argol

À mon seul désir

Aux Éditions de la Table Ronde

Les petits soldats (repris dans « La Petite Vermillon » n° 211)

DANS LA MÊME COLLECTION

Pierre Alechinsky, *Des deux mains*
Jean-Christophe Bailly, *Tuiles détachées*
Christian Bobin, *Prisonnier au berceau*
Catherine Cusset, *New York, journal d'un cycle*
Roger Grenier, *Andrélie*
Jens Christian Grøndahl, *Passages de jeunesse*
Pierre Guyotat, *Coma*
Christian Lacroix, *Qui est là ?*
J.M.G. Le Clézio, *L'Africain*
Rosetta Loy, *La première main*
Richard Millet, *L'Orient désert*
Marie NDiaye, *Autoportrait en vert*
Denis Podalydès, *Voix off*
J.-B. Pontalis, *Le dormeur éveillé*
Willy Ronis, *Ce jour-là*
Jan Voss, *À la couleur*

Composition : Dominique Guillaumin, Paris.
Achevé d'imprimer en France
par l'Imprimerie Moderne de l'Est
en janvier 2011.
Dépôt légal : janvier 2011.

ISBN : 978-2-7152-2889-4

164973